Leadership and
the One Minute Manager
A SITUATIONAL APPROACH TO LEADING OTHERS Updated Edition
Ken Blanchard Patricia Zigarmi / Drea Zigarmi

新 1分間リーダーシップ

どんな部下にも通用する4つの方法

ケン・ブランチャード＋パトリシア・ジガーミ＋ドリア・ジガーミ［著］
田辺希久子［訳］

ダイヤモンド社

LEADERSHIP AND THE ONE MINUTE MANAGER,
UPDATED EDITION:
A Situational Approach to Leading Others
by Ken Blanchard, Patricia Zigarmi, Drea Zigarmi
First published in 2013 by William Morrow,
an imprint of HarperCollins Publishers,
New York, U.S.A.

Japanese language translation published by Diamond, Inc.
This Japanese translation is published by arrangement with Pearson Education, Inc.
Permission for this edition was arranged by Tuttle-Mori Agency Inc., Tokyo, Japan.

「毎日1分間、手を止めて部下たちの顔を眺めてみよう。
彼らこそが、最も大切な資源であることを再確認しよう。」

新1分間リーダーシップ

目次

はじめに

１９８０年代初頭、本書の共著者であるパット&ドリア・ジガーミと私は、ケン・ブランチャード・カンパニー創業以来のアソシエイトたちの協力を得て、１９６０年代後半に私がポール・ハーシーと開発した最初の「状況対応型リーダーシップ(Situational Leadership®*)」のモデルに多くの修正を加えた。

修正には私たち自身の経験、マネジャーたちから寄せられた意見、そしてわが社のこれまでの研究成果が反映されている。こうして生まれた新しいリーダーシップの考え方を、私たちはＳＬⅡと名づけた。

ＳＬⅡはリーダーシップや人材育成のための、実践的でわかりやすく、使いやすいアプローチである。過去40年間に、フォーチュン１０００の優良企業のほとんどでさまざまな階層のリーダーたちに、また世界中の急成長する新興企業のリーダーたちに伝授されてきた。

『１分間リーダーシップ』(*Leadership and the One Minute Manager*) の改訂新版であ

る本書には、ＳＬⅡに対する私たちの最新の考え方が盛り込まれている。ストーリー仕立てで、働きすぎの起業家が「1分間マネジャー」[**]から教えを受け、ＳＬⅡリーダーへと成長し、多様なチームメンバーの力を最大限に引き出す方法を学んでいく姿を描いている。

パット、ドリア、私の3人は、読者が何度も本書を読み返すことによって、仕事や家庭、さらには地域社会において、ＳＬⅡリーダーシップを第二の天性として身につけていかれるよう願っている。

――ケン・ブランチャード

＊Situational Leadership® は、ザ・センター・フォー・リーダーシップ・スタディーズの商号を使っているリーダーシップ・スタディーズ社の登録商標である。

＊＊1分間マネジャーとは、『1分間リーダーシップ』に先立って出版され世界的ベストセラーとなった『1分間マネジャー』の主人公。短期間ですぐれた成果をあげる理想のマネジャーを象徴的に体現し、登場人物や読者を教え導く。『新1分間リーダーシップ』とともに「新1分間マネジャー」として進化している。

第 1 章

Leadership and the One Minute Manager

起業家の来訪

ある日、1分間マネジャーは起業家と名乗る女性から電話をもらった。こういう電話は大歓迎だ。自分でビジネスを始めた人と話すのは、いつだって楽しいからである。

女性は自分と同じくらい熱意をもった社員が見つからず、困っていると訴えた。

「何もかも自分でやらなければなりません。安心して仕事を任せられる人がいないのです」

「委任することを学ぶべきですね」1分間マネジャーは答えた。

「でも、うちの社員にはそれだけの能力がないのです」

「それなら訓練すればいいでしょう」

「そんな時間はありません」

「だとしたら、確かに大問題だ」1分間マネジャーはにっこり笑った。「今日の午後、会ってお話ししましょう」

1 成功するということ

午後になって起業家が訪ねてきたとき、1分間マネジャーはアシスタントのデスクで話し込んでいた。

「さっそくお時間をとっていただき、ありがとうございます」起業家はそう言って、1分間マネジャーとともにオフィスに入った。

「こちらこそ歓迎です。いろいろな事業を手がけて大成功しておられるそうですね。成功の秘訣はなんですか」

「とても簡単なことです」起業家は微笑んだ。「1日の半分だけ働けばよいのです。

前半の12時間でも、後半の12時間でも」

1分間マネジャーは笑いながら言った。「確かに、仕事にどれだけ時間をつぎ込むかは大事なことです。でも、時間と成功は正比例すると思っている人が多すぎる。時間をかけるほど成功も大きくなるとね」

「そうおっしゃると思っていました。確か、こんな言葉をよく引用されていますね」

「懸命《ハード》に働くな。
賢明《スマート》に働け。」

「まったくそのとおりです」1分間マネジャーは言った。「だが、賢明に働くとはどういうことかをご説明する前に、ひとつ質問させてください」

「なんなりと」

「ご自分を起業家とおっしゃっていますが、起業家であるとはどういうことでしょう」

起業家は笑顔で答えた。「起業家であるとはどういうことか、ある友人がみごとに説明してくれました。彼はある日、上級副社長を連れて高台にのぼったそうです。町を一望できるすばらしい眺めが広がっていました。

友人は副社長に言いました。『向こうに見える尾根づたい、あそこに家を建てたらすばらしいと思わないか』

『おっしゃるとおりです』

『右手にプールがあったらどうだろう。すごいと思わないか』友人はつづけました。

『すごいです』と副社長。

『左手にはテニスコート』

『夢のような場所ですね』

『そこでだよ、きみがこれまで以上に働いて、わが社の目標をすべてクリアしてくれたら、いつか――いつかだよ、そういう環境が私のものになるんだ』」

「これはおもしろい」そう言って1分間マネジャーはにっこり笑った。「だがこの話は、能力開発や人材マネジメントにおける、あなたの問題点を言いあてているようです」

「どういうことでしょうか」

2

ピラミッドをひっくり返す

「どういうことか、ご説明しましょう」1分間マネジャーは言った。「どうやらあなたの会社はピラミッド構造のようです。てっぺんにCEOのあなた、ひとりひとりの社員はみな底辺にいて、中間にさまざまなレベルの中間管理職がいる」

「確かにわが社はそういう構造です」起業家は言った。「ピラミッド型組織の何が問題なのでしょうか」

「いや、組織図そのものは問題ありません。しかし、あなた自身が伝統的なトップダウン型の思考をもち、それに基づいて行動しているとしたら問題です」

「おっしゃる意味がよくわかりません」

「トップダウン型、ピラミッド型の哲学をもっていると、階層が上の者のために働くことが大前提になります。そうなると組織内の立案・企画・評価は、すべてマネジャーが〝**責任をもつ**《レスポンシブル》〟ものとされ、部下はマネジャーの指示に〝**応える**《レスポンシブ》〟ものとされる。あなたのような経営者が、何もかもひとりでやる羽目におちいるのは、そこに原因があるのです」

「では、どうすればよいのでしょう」

「ピラミッドをひっくり返して、経営者をいちばん下にしてはどうでしょう。そうすればだれが責任をもち、だれがだれの指示に応えるかという関係が変わります。なんでもないようでいて、実に大きな変化です」

「つまりマネジャーが部下のために働く、その逆ではいけないということですね」

「そのとおりです。実際にどういうことが起きるかというと、責任が部下にあって自分の仕事は彼らに応えることだとすれば、あなたは共通の目標を達成できるよう、さまざまな資源を部下に与えるべく全力を注ぐでしょう。何もかも自分でやるのではなく、かといってふんぞり返って部下のあら探しをするのでもなく、自分自身も汗をかいて部下の目標達成を助けるのが仕事だと気づくはずです。そうすれば、部下もあなたも、ともに成功を手にできるのです」

「でも、前にも言ったように、私には部下の要求《ニーズ》すべてに応えているひまがありません」

「必ずしもすべての部下と密にかかわる必要はありません。助言や支援によって、能力とやる気を引き出す必要のある人たちだけでよいのです」

「人によって対応を変えろということですか」起業家は首をひねった。

「そのとおり。わが社ではよくこういう格言を使います」

「違った人には
違ったやり方を。」

3 個性に応じた扱い方を

「その格言どおりだとしたら、あなた自身は相手によってどのように対応を変えているのですか」起業家は尋ねた。

「うちの社員に聞いてみてください」1分間マネジャーが提案した。「私がどんなリーダーシップスタイルを使い分けているか、教えてくれるはずです」

「使い分けている？　ということは、スタイルはひとつではないのですね」

「リーダーシップスタイルとは、ひとりの相手とどのような形で協力するかということです。部下のパフォーマンスに影響を与えようとするとき、全体としてどのように行動するか、それが相手からどう見えるか、それがリーダーシップスタイルなのです。チームメンバーに聞いてごらんなさい。私がいろいろなリーダーシップスタイルを使い分けているのを知っていますよ」

「リーダーシップスタイルとは、あなたが自分で意識している行動様式なのか、それとも相手から見たあなたの行動様式なのでしょうか」

「こう言えばわかるでしょうか。例えばあなたは自分が思いやりのある、部下を大切にするマネジャーだと思っているのに、部下からは冷酷な仕事人間と見られているとしましょう。部下たちはだれの見方に基づいて行動するでしょう。あなたの見方でしょうか、それとも自分たちの見方でしょうか」

「もちろん、自分たちの見方でしょう」

「そうですね。あなたのリーダーシップ哲学はそれはそれで興味深いけれど、そうしたいという意図にすぎません。部下からの見方と一致しないかぎり、役には立たないのです。だからこそ、うちの社員の話を聞いてほしいのです。そうすれば私のリーダーシップスタイルについて——そのスタイルはひとつではありませんが——

見きわめることができ、私が相手によって対応を変えていることがわかっていただけると思います」

　言い終えると、1分間マネジャーはパソコンに向かい、6人の名前が書かれたリストを印刷し、起業家に手渡した。

「これは私のチームメンバーのうち、このビルにいる者の名前です。だれでも好きなメンバーを選んで、話を聞いてください」

「それではラリー・マッケンジーにします」起業家はリストを見ながら言った。

「ほかにも話を聞くべき人がいたら、彼が教えてくれるでしょう」

「それがいいでしょう」1分間マネジャーは微笑んだ。「空港での乗り継ぎ待ちの間に話を聞いたり、早朝に出向いたりしなければならないかもしれませんが、必ず時間をとってくれますよ」

「ラリーはこのビルにいるのですね。それならあなたのアシスタントに頼んで、都合を聞いてもらいましょう」

「それはいい。彼の居場所もアシスタントに聞いてください」

起業家はにっこりした。「結果を報告したいので、午後にもういちど会っていただけますか」

「もちろんです。アシスタントに予約してください。どんな発見があったか、報告を楽しみにしていますよ」

第 2 章

Leadership and the One Minute Manager

部下は 1分間マネジャーを どう見ているか

1

対照的なふたりの部下に会う

――ラリーとシンディの場合

ラリー・マッケンジーのオフィスに向かいながら、起業家は気分爽快だった。やはり1分間マネジャーに会いにきてよかったと思った。ラリーの会議が中止になったと聞いて、1分間マネジャーのアシスタントが親切に面会をセッティングしてくれた。何か役に立つことを学べそうだ、と起業家は心のなかでつぶやいた。

オフィスで待っていたのは、30代後半の男性だった。この会社で人材・能力開発担当の副社長を務めている。

初対面の挨拶を交わしたあと、ラリーは笑顔で言った。「1分間マネジャーに会いにこられたそうですね。私にはどういうご用件で？」

「1分間マネジャーとあなたの協力関係について知りたいのです。協調型リーダーシップについてはいろいろ本を読みましたが、あなたは1分間マネジャーを協調型マネジャーだと思いますか」

「協調型マネジャーなんて、ほど遠いですね」ラリーは答えた。「私にはかなり指示を与えます。もともと人材開発には思い入れのある人ですから。私の仕事はもっぱらその指示に従うことです」

「特定のプロジェクトをあなたに割り当てて、自由にやらせればよいのに。信頼しているからこそ人材開発担当にしたのでしょう」

「というより、担当させることで成長してほしかったのでしょう。でも自分は専門家ですから、プロジェクトを割り振ったうえで、あらゆる部分で密に連携をとるようにしたのです。人材開発では私はまだまだ力不足で、必要な職務の一部を勉強中というにすぎません」

「反発したくなりませんか。ずいぶん管理が厳しい感じがしますが」

「そんなことはまったくありません。それまでは給与・手当の担当でした。3か月前、人材・能力開発グループに移れるというので、飛びついたのです。1分間マネジャーのもとで働けば、能力開発の分野を徹底的に叩き込んでもらえます。能力開発の分野ではプロ中のプロですからね。給与・手当管理に関しては任せてもらっていますが、それ以外のほとんどの分野で、何を、どう実現すべきかをとても明確に教えてくれます。頻繁にミーティングを重ね、たえずフィードバックをもらえるので、自分の進捗状況がどのあたりなのか常に把握できます」

「いつかは自分で判断させてもらえると思いますか」

「コツをつかめればね。でも、どうすれば目標を達成できるのかわからないうちは、正しい判断を下すのは難しい。今は1分間マネジャーがかかわってくれるほうがよいのです。仕事が好きで楽しいし、経験を積むにつれて、ゆくゆくは自分の責任で仕事ができるようになるでしょう」

「1分間マネジャーは、あらゆる社員をあなたと同じように指導しているのですか」

「そんなことはありません。財務責任者のシンディ・リウに聞いてみてください。1分間マネジャーは彼女に対してまったく違ったやり方をしています。あなたと面談する時間があるかどうか、メールで問い合わせてみましょう」

シンディからはすぐに返事があり、いま空港で乗り継ぎ便を待っていて、15分なら話せるという。今すぐラリーと一緒に自分のオフィスに来てくれれば、アシスタントが携帯電話を使って通話させてくれるそうだ。

シンディのオフィスに着くと、アシスタントが椅子を勧めてくれ、シンディと回線をつないでくれた。ラリーがふたりを紹介して去ったあと、起業家が口火を切った。「ラリーの話では、あなたに対する1分間マネジャーの指導は、ラリーの場合と違うそうですが、本当ですか」

「そのとおりです」シンディは答えた。「当社の財務管理に関しては、ほとんどすべて、同僚として協力し合う関係です。1分間マネジャーが指示を出すことは決してなく、方向性はふたりで話し合って決めます」

「きわめて協調的という感じですね」

「そうですね。大いに援助してもらい、励ましてもらっています。いつも耳を傾け、アイデアを引き出してくれます。適切な質問をして、いろいろな選択肢を検討できるようにしてくれます。彼のもっているビジョンとか、この会社に関する情報など、惜しげなく教えてくれます。理想的な協力関係です。私は財務分野で15年以上も働いてきたので、チームになくてはならない有能なメンバーとして扱ってもらえるのは、とても誇らしいことです。これまでに一緒に仕事をした上司では、そういう気持ちになったことはありません」

「お話を聞いていると、1分間マネジャーは指揮命令型の上司にもなれれば、協調型の上司にもなれる。ラリーには手取り足取りで指示を出すけれど、あなたのことは対等な仲間として扱って、自分は援助に回るのですね」

「彼のスタイルはその2種類だけではありませんよ」シンディは言った。「オペレーション責任者のジョン・ダラパの話も聞いてみてください」

「ということは、あなたとも、ラリーとも違うやり方をしている?」

「そのとおりです。ジョンは別の場所にいますが、電話で話せるようアシスタントに手配させます。ジョンはとてもフットワークが軽いのです。仕事柄、何が起きても即時に対応できないといけませんから」

「電話をつないでいただけるのですね、ご配慮に感謝します」

2

柔軟なのか、一貫性がないのか？

——ジョンの場合

シンディのアシスタントがオフィスに連絡をとると、ジョン・ダラパは1分間マネジャーとビデオ会議中とのことだった。会議に加わるようジョンが伝えてきたので、アシスタントが手伝って起業家も回線にアクセスした。

起業家の顔が画面に映ると、1分間マネジャーが笑い出した。「私は失礼したほうがよさそうだ。でないとジョンの発言に圧力をかけていると思われる」

「私は平気ですよ」ジョンが笑顔で言った。「事実をありのままにお話しします」

1分間マネジャーは笑いながら回線を切り、画面から姿を消した。

社員たちがオープンな雰囲気で互いに助け合っているのを見て、起業家はうらやましく思った。だれもが楽しげで、お互いを尊敬しあっているようだった。

「さて、ご用件は？」ジョンが言った。

「シンディ・リウの話では、1分間マネジャーのあなたに対する指導は、ラリー・マッケンジーとも、シンディとも違うと聞きましたが、本当ですか」

「うーん、よくわからないですね。そもそも彼のスタイルをどう説明すればよいかわかりません」

「どういうことですか」

「私の仕事はかなり複雑で、あらゆる生産プロセスを管轄しているとさえいえるのです。オペレーションのプロセス全般を設計管理していますし、品質管理も、オペレーションチームの採用や能力開発も私の仕事です。あえていうなら、1分間マネジャーは私に対して、ある業務ではあるスタイルを、別の業務では別のスタイルをとるということです。例えば、純粋にオペレーションに関する部分は私に任せてくれますが、そこに至るまでには時間がかかりました。1分間マネジャーはこの会社を一から作り上げた人です。オペレーションについても、私と同じくらいよくわかっています。だからこそオペレーション関連では私の判断を尊重して、信頼してくれるようになったのです。今では『状況は報告してほしい。でも担当はきみだから任せる。きみは専門家なのだから』という調子です」

「つまり相談もしない、指示もしない、解決法も教えない？」

「そうです。技術的な部分についてはね。でも人材がからむ問題では、まったくやり方が変わります。社員に影響があるプランや方針については、実行に移す前に必ず相談するよう言われています。どういう意図でやるのか、正確に知りたがります」

「そういう部分は1分間マネジャーが指示を出す？」

「というより、意見を言うのです。もちろん私の意見も必ず聞いてくれますが」

「ふたりの意見が食い違って、一致点を見つけられなかったら、どちらが決断を下すのですか」

「1分間マネジャーが決断を下します」ジョンは答えた。

起業家はこの答えについては、あとでもういちど確認しようと思った。

「場面ごとに彼の態度が変わったりすると、混乱しませんか」

「そういうことはまったくありません。オペレーションに関しては好きなようにやらせてくれますから。私はもともと技術者から出発して今のポストについたのです。入社して20年以上、当社の技術面はすべて把握しています」

「人材管理に関しても、同じように扱ってもらいたいとは思いませんか」

「思いません。人間相手となると、私は器用なほうではありません。ドアを蹴破ってから『入ります』と声をかけるような奴と言われているくらいです。対人スキルにはあまり自信がありません。だから1分間マネジャーの助言がとてもありがたいのです」

「1分間マネジャーはとても柔軟性がありますね。でも逆に混乱しませんか、どう反応してくるか読めなくて」

「どんなリーダーシップスタイルが希望かを事前に話し合うので、おおむね認識は一致しています。100%ではないにしても、ほとんどの場合」

「一貫性もない、予想もできないとしたら、いったいどのようなリーダーと呼ぶべきなのでしょうか」起業家は尋ねた。

「**状況対応型《シチュエーショナル》リーダー**です」ジョンは答えた。「1分間マネジャーは、相手がだれか、状況がどうであるかによって、スタイルを変えるのです。**SLⅡリーダー**の別名でも知られています」

第 3 章

リーダーの3つのスキル
――目標設定

1

SLⅡリーダーの3つのスキル

「SLⅡリーダー」というジョンの言葉がまだ頭のなかを駆けめぐっていたが、起業家は1分間マネジャーとの面談へと急いだ。

「さあ、私への採点はどうでしたか」

「合格です」起業家は答えた。「『違った人には違ったやり方を』というあなたの考え方が、社内にしっかり根づいていました。それだけでなく、社員のみなさんは相手によって扱いが変わることに抵抗がないようでした。どうすれば私もSLⅡリーダーになれるのでしょうか」

「それには3つのスキルを覚える必要があります」

「わかりやすい簡単な方程式を教えてくださると思っていました」起業家はそう言っておどけてみせた。

1分間マネジャーはくすりと笑った。「それほど簡単ではないかもしれませんが、スキルが3つ必要なことは確かです。まず明確な目標を立てること。そしてそれぞれの目標ごとに相手の発達レベルを診断すること……これについてはあとで説明します。そして3つ目に、相手が何を必要としているかによって、さまざまなリーダーシップスタイルを使い分けることです。短く言うと〝**目標設定・診断・マッチング**〟です」

「難しそうですね」

「基本さえ押さえれば、それほど難しくはありません。慣れれば習慣として身についていきます」

「どこから始めたらよいですか」

「最初は目標設定。当然ですね、1分間マネジメントの第一の秘訣は、『1分間目標』なのですから。すぐれた業績《パフォーマンス》は、例外なく明確な目標設定から始まります」

「目標設定が大事なことはわかりました。でも、それ以上のことを教えてくださるのですよね」

「そうです、でもその前に人材開発グループのランディ・ロドリゲスに会ってください。ご都合がよければ、明日の午前中に面談をセットしましょう」

「時間はつくります。もっと学びたいのです」

1分間マネジャーはにっこりした。「ランディはわが社のパフォーマンス管理システムを設計した人物です。目標設定のことはこの人に聞くのがいちばんでしょう」

「すばらしい。この会社には人材担当部門があってうらやましいですね」

「社員もそう思っているようですよ」1分間マネジャーはそう言って笑った。

2
部下とのあいだにウィン・ウィンを生み出す

翌朝、起業家はオフィスにランディを訪ね、こう切り出した。「1分間マネジャーによれば、目標設定について聞くならあなたがいちばんとのことでした」

「喜んでお答えしましょう」ランディは答えた。「まず目標設定について、大局から考えてみましょう。あなたは自分の仕事に加えて、部下のパフォーマンスも管理せざるをえない状況に置かれているのでしたね。わが社では、パフォーマンス管理に3つの側面があると考えます」

1. パフォーマンス・プランニング
2. 日々のコーチング
3. パフォーマンス評価

「目標設定は〝パフォーマンス・プランニング〟のカギとなる部分で、〝日々のコーチング〟の土台にもなります。ところで、パフォーマンス管理システムを立ち上げるとき、多くの会社が最初に手をつけるのは3つのうちどれだと思いますか」

「パフォーマンス評価ですね」起業家が答えた。「たいていの企業がパフォーマンス評価用の書式をつくっています」

「そして書式が整ったところで、ようやくパフォーマンス・プランニングに取りかかる。つまり部下に目標を書かせるわけです。目標を片っぱしからノートに書き出させるのですが、だれの目にも触れることはありません」ランディが言った。

「おっしゃるとおりです。でも『1分間目標』を使えば大丈夫ではありませんか。目標を3つから5つに絞り込んで、余分なペーパーワークを減らせます」

「なるほど。でも、ひとつ質問していいですか。プランニング、日々のコーチング、評価という、パフォーマンス管理の3つの部分のうち、ほとんどの会社が決まって積み残す課題はどれでしょう」

「日々のコーチングです」

「そのとおり。でも、それがいちばん大切ではないでしょうか。それなのに、ほとんどのリーダーや組織がその点を見過ごしている。日々のコーチングの大切さというと決まって思い出すのが、大好きな大学の恩師のことです。この先生は最初の授業で期末試験の問題を配布してしまうので、いつも学部長や同僚とけんかになっていました。ほかの教員が『なんてことするんだ』と言うと、決まって『教師の仕事は教えることだと思っていました』と反論します。相手が『だからといって期末試験の問題を配ることはないだろう』と言うと、こう答えます。『試験問題を配るだけじゃありませんよ。一学期かけて何を教えると思います?』」

「『答えを教える』でしょう?」そう言って起業家は笑った。

「正解。だから期末試験になると、学生は答えを知っているからみんなAをとる」

「恩師は学生に、自分が教えることを覚えて、優秀な成績をとってもらいたいのですね」

「日々のコーチングとはそういうこと、相手に合わせて行動するということなのです。めざすべき目標（つまりここでは期末試験の答え）を明確に伝えたら、その目標（答えを覚えること）を達成して、パフォーマンス評価（つまり期末試験）で高評価（A）を獲得できるよう、可能なかぎり援助するのがリーダーの仕事なのです」

「部下とのあいだにウィン・ウィンを生み出す、すばらしい実例ですね。でもそれが、目標設定とどう関係するのでしょう」

「明確な目標、つまりAをとるには何が必要かということがはっきりしていないと、日々のコーチングもうまくいかなくなるということです」とランディは答えた。

3 SMARTな目標設定とは？

「明確な目標設定について、実例を挙げてもらえませんか」起業家がランディに尋ねた。

「仮にあなたが私の部下で、給与・手当の担当者だとしましょう。私たちふたりが最初にやるべきことは、会社全体の目標は何かを確認し合うこと。次にチームの目標も確認して、そのうえであなたがめざすべき目標を3つから5つ、話し合いで決めていきます」

「お互いに納得できる目標を決めるためのミーティングですか」

「そうです。私たちは〝意識合わせ対話《アラインメント》〟と呼んでいますが、これがその第一歩です」

「意識合わせ対話？」

「そうです。この対話をとおして、あなたがめざすべき目標だけでなく、それぞれの目標ごとのパフォーマンス基準も決めていきます」

「つまり、すぐれた仕事とはどのようなものか、共通認識をつくりあげるということですね」

「そのとおりです。さらに、ひとつひとつの目標を、ＳＭＡＲＴという標語に従って練り直していきます」

■スマートな目標設定

「ＳＭＡＲＴ？」起業家はランディに聞き返した。

「略語です。Ｓは具体的（Specific）のＳで、やるべき仕事の範囲はこう、期限はいつというように、目標を明確にします」

「パフォーマンス基準を決めるのも、Sに入りますか」

「いいえ。パフォーマンスを測る基準を決めるのはTの段階、つまり追跡可能（Trackable）のTです。SMART目標の順番は、このようにSの次はTです。まずその人に具体的に何をやってもらいたいか（S）を決めて、次に目標達成に向けての進捗をどのように追跡・評価するのか（T）を決めるのです。そのあと、残りの3つ（R・A・M）を使って、策定した目標が本当にSMARTになっているかどうかを確かめます」

「残りの3つについても教えてください」

「Rは関連性（Relevant）のRです。組織や個人にとって有益な活動につながるなら、目標は関連性が高いと言え、やりがいを感じられるものになります」

「なるほど」

「次に、Aは達成可能（Attainable）のAです。目標は合理的で妥当なものでないといけません。合理的かどうかには、過去の例が参考になります」

起業家はうなずいた。「とうてい達成できそうにない目標を立てる会社が多すぎますね。私の会社も同じ問題をかかえています。こうしたいという目標はあるのですが、数年では実現できないような目標なのです。社員に関しても同じことがいえます。高い目標に向かってがんばらせるのはよいのですが、目標が高すぎて達成できなかったり、社員がやる気を失ったりしてはなんにもなりません」

「そのとおりです」ランディは言った。「さて、最後のMは動機づけ（Motivating）のMです。実力を最大限に発揮させるには、チームメンバーが楽しんでめざすことのできる目標でないといけません。そのためには、やる気を引き出す最適条件を見つけ出す必要があります。社員たちが学習をとおして能力を高めているか、仕事や仲間に共感を抱けているか、能力に見合った裁量権を与えられているかなどのポイントを検証していきます」

「とても覚えきれませんね」起業家は苦笑いした。

「それなら、いいことをお教えしましょう」そう言ってランディはタブレットを操作し、ひとつの画面を呼び出して起業家に見せた。

「それ、メールで送っていただけますか」起業家が頼んだ。

SMART目標とは、以下の問いに答えるものである

Specific（具体性）

- この目標・タスクは、正確にどのようなものか。
- この目標・タスクはいつまでに達成しなければならないか。

Motivating（動機づけ）

- この目標・タスクは個人的にやりがいのあるものか。
- この目標をめざすことで、能力ややる気が高まりそうか。
- この目標をめざすことで、エネルギーが高まりそうか、それとも消耗しそうか。

Attainable（達成可能性）

- この目標は現実的で合理的で達成可能か。
- この目標は自分でコントロールできる範囲内にあるか。

Relevant（関連性）

- この目標・タスクは組織にとって意味のあるものか。
- この目標・タスクは組織の目標やチームの目標と連携しているか。
- この目標・タスクは他の目標よりも優先順位が高いか。

Trackable（追跡可能性）

- それぞれの発達レベルにおいて、良い仕事とはどのようなものか。
- 進捗状況や結果はどのように測定し、追跡する予定か。

「もちろん。メールアドレスは?」

「Entrepreneur@SLX.com」起業家はなおも質問をつづけた。「SMART目標設定のすばらしさはわかりました。でも、目標のどれかで意見が一致せず、話し合っても溝が埋まらないときはどうするのでしょう。だれが決断を下すのですか」

「黄金律です」

「黄金律ですって?」

「黄金をもっている者がルールを決めるのです」ランディが笑いながら言った。

「つまりリーダーが決めるということです」

「ほんとうに?」

「いやいや、冗談ですよ。目標設定は協調的なプロセスです。いいですか、明確な目標が設定されるよう気を配るのはリーダーの務めですが、部下の能力が上がってきたら、目標設定プロセスにその意見を取り入れたほうがよいのです。ともかくSMART目標を守っていれば、日々のコーチングを効率的に行う条件は整います」

■「かもめマネジャー」にならないために

「目標を設定しっぱなしで、日々のコーチングは怠るリーダーもいるでしょうね」

起業家がランディに尋ねた。

「勘が鋭いですね。日々のコーチングがきちんとなされていないと、特に自分で自分に指示や支援を与えられない部下が相手の場合、目標設定をすることが逆に『ほったらかしてバッサリ』式リーダーシップに直結してしまうのです」

「何リーダーシップですって?」

「『ほったらかしてバッサリ』式リーダーシップです」そう言ってランディは笑った。「1分間マネジャーは、最近『かもめマネジメント』と呼んでいます。かもめマネジャーは目標設定を終えると部下をほったらかしにして、ミスをするとすぐに飛んできてぎゃあぎゃあと騒ぎ立て、誰彼かまわずしかりつけたあげく、さっと飛んで行ってしまうのです」

ふたりはどっと笑いこけた。実にありそうな話だったからだ。

「目標設定についてはわかりましたが、日々のコーチングについては、どのように勉強すればよいでしょう」起業家は尋ねた。

「コーチングの始まりは、SLⅡリーダーシップの2番目の要素、つまり『診断』からスタートします。あなたがここへ来られる前に1分間マネジャーと話していたのですが、キャシー・グプタに会ってはどうでしょう。キャシーはわが社のITグループのリーダーで、『診断』について教えてくれるはずです」

第4章

人々をたえず成長させるために

——診断スキルとマッチング

1

部下の発達レベルを診断する

起業家が入ってくると、キャシー・グプタが顔を上げた。「診断スキルを勉強したいという方ですね」そう言ってキャシーは微笑んだ。

起業家はうなずいた。「目標設定についてはランディ・ロドリゲスからすべて教わりました。すぐれたSLⅡリーダーになるには、次に学ぶべきは診断だと1分間マネジャーに言われたのです」

「そのとおりです。SMART目標を設定したら、あなたとチームメンバーは意思統一ができています。次なるステップは、特定の目標ないしタスクごとに、相手の発達レベルを診断しなければなりません」

「発達レベルを診断するとなると、その人の過去の実績が重要になりますね」

「もちろんです。発達レベルを見きわめるには、意欲（コミットメント）と技能（コンピテンス）という、ふたつの要素に注目する必要があります。言い換えると、指示がないと仕事をうまくこなせないのは、実力がないか、やる気がないか、両方かのどれかです」

「仕事に見合った技能があるかどうかは、どうやって見分ければよいのでしょう」

起業家は首をひねった。

「技能については、その人が発揮する知識やスキルを見ればわかります。そうした知識やスキルは、学習と経験によって身につくものです」

「技能（コンピテンス）と能力（アビリティ）は同じなのではありませんか」

「そうとは限りません。能力という言葉は潜在的なものも含みます。物覚えの速いのは『生まれつき』などとよく言いますね。一方で、技能は指示や支援をもらって伸びるものです。生まれつきそなわっているものではなく、学んで身につけるものなのです」

キャシーはさらにつづけた。「技能《コンピテンス》についてもうひとついうと、企画、問題解決、時間管理などの汎用スキルが関係しています」

「いろいろな仕事に応用できるスキルということでしょうか」

「そのとおりです」

「なるほど。総合的なスキルがあれば、新しい状況に直面しても対応できますね。では、意欲《コミットメント》のほうはどうでしょう。どうやって評価するのですか」

「意欲とは、自信と動機づけが合わさったものです。自信のほうは、指示をもらわなくても仕事をきちんと片づけられるという、自分に対する信頼のようなものです。動機づけのほうは、仕事をきちんとやり遂げようとする熱意や関心があるかどうかということです」

「実力や自信は十分あっても、関心がまったくないという場合もありますか」

「あります。仕事が思った以上に大変だとわかって、動機づけが低下することもあります。努力やがんばりが認められていないと感じる場合、あるいは単に飽きてしまったり、努力する価値がないと思ったりする場合も動機づけが失われます」

■技能と意欲の4種類の組み合わせ

「人によって、技能《コンピテンス》と意欲《コミットメント》の組み合わせはさまざまでしょうね」

「いい質問です。これについてはふたつの点を指摘しておきましょう。まず第一に、おっしゃるように技能と意欲の組み合わせはさまざまです。正確にいうと4種類の組み合わせがあり、これを4つの『発達レベル』と呼んでいます。第二に、発達レベルは目標ごと、タスクごとに異なるということです。そして診断の対象となるのは全体的なスキルや心構えではなく、人によって、ある仕事ではこのレベル、別の仕事ではこのレベル、ということもありうるのです」

「4つの発達レベルについて、もう少し詳しく教えていただけませんか」

キャシーはパソコンに図を呼び出した。「これが参考になるでしょう」

起業家がのぞき込むと、発達レベルが帯状に描かれ、それがD1、D2、D3、

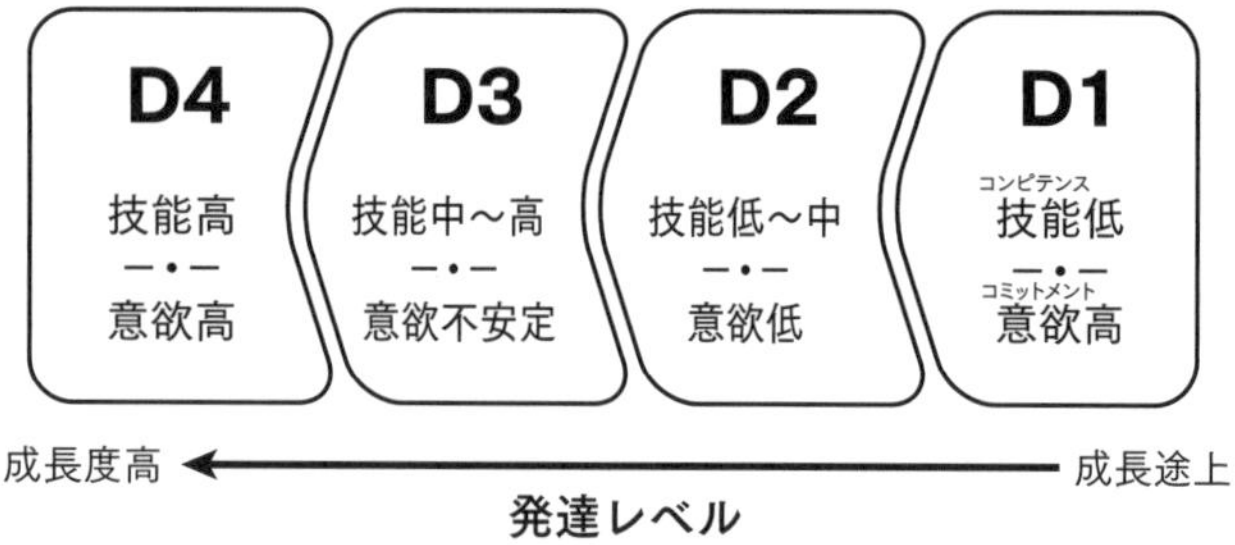

D４の４つの部分に分けられていた。「４つの段階のあいだには、どんな違いがあるのでしょうか」

「ある目標ないしタスクでD１の発達レベルにあるとしたら、その人は〝**意欲満々な初心者**〟です。やる気にあふれていますが、経験が足りません。そのタスクないし目標に取り組むのは初めてで、いろいろな意味で、自分に何が足りないかさえわかりません。要するに実力不足です」

「熱心でやる気満々ということは、学習意欲も旺盛ということでしょうか」

「そのとおり。期待と好奇心でいっぱいで、簡単にマスターできると信じています。自分の汎用スキルを使えばすぐに覚えられると考え、難しいとは思わないのです」

「今の私にぴったりあてはまります。SLⅡリーダーシップを学ぶという点で、まさにその状態です」

「覚悟してください。すぐD2に上がりますよ。いわゆる〝**期待がはずれた学習者**〟です」キャシーは笑って言った。

「いやな予感がしますね」

「D2になるのは良いことでも悪いことでもなく、あくまでひとつの発達レベルです。あなたの場合も、D2では知識やスキルが多少とも身について、技能《コンピテンス》は低から中のあいだになります。けれどSLⅡリーダーになるには思った以上に学ぶことが多いとわかり、期待したほどの進歩が感じられなくなります」

「意欲も低下しますね」起業家が言った。

「はい。D2になるといらいらしたり、途中で投げ出したくなったりすることもあります」

「私はそんなに簡単にあきらめませんよ」

「そうでしょうね。でも、〝**何を**〟、〝**いつ**〟、〝**どうやる**〟といった方法論だけでなく、その背後の〝**どうして**〟を知りたくなるはずです。自分は本当に進歩しているのか、全体像をとらえたくなるのです。そして、だれかに背中を押してもらいたいという気持ちも」

「それでは、D3のレベルについて教えてください」

「D3は〝**慎重になりがちな貢献者**〟と呼んでいます。その仕事において一定の実力を発揮し、経験もありますが、独力で仕事をこなせるかどうか少し心配している。自分に厳しく、不安をかかえています。目標や仕事に飽きて、意欲を失っている場合もあるでしょう」

「ではD4はどうなのですか」起業家が尋ねた。

「あなたがSLⅡリーダーシップの学びにおいてD4になったとしたら、それは〝**自立した達成者**〟になったということです。技能《コンピテンス》も意欲《コミットメント》も十分に高くなります」

「詳しく説明していただいたので、相手の発達レベルが異なれば、対応の仕方も変えるべきだということがよくわかりました」

「本当にそのとおりなのです。わかっていただけて幸いです」

「ほとんど指示しなくても独力で仕事をこなせる人は、Ｄ３かＤ４ということでしょうか」起業家がキャシーに尋ねた。

「そのとおりです！　Ｄ３やＤ４のレベルにある人は、ハイレベルのパフォーマンスを実現できるスキルや知識を身につけた人です。Ｄ４とＤ３で違うのは、〝意欲〟の部分です。Ｄ３で自信が足りない場合は、『良い質問』をしてあげること、話を聞いてあげることが大切です。自分が話すことを自分で聞いて、初めて自分の知識やスキルを信頼できるようになるからです。援助や励ましも必要です。一方で、Ｄ３で動機づけが低いという場合は、話をよく聞いてあげなければならないし、問題解決へと導いてあげる必要もあります。動機づけが低下した原因は、おそらく本人自身がわかっています。何が悪かったのかを分析し、解決法を考える作業を一緒にやってあげましょう。自分がどれだけ貢献しているか、わかってもらうのです。

これに対し、Ｄ４のレベルでは自信もそなわり、自分で動機づけを高められるようになります。引きつづき貢献を評価してあげる必要がありますが、一方でさらなる成長のきっかけや外からの刺激も求めています。実力も意欲もあるので、もはや指示や支援はさほど必要ありません」

■なぜ初めからエースを揃えないのか？

「目標さえ設定すれば、それで十分というわけですね。私のチームにもそういう人がたくさんいるといいのですが。むしろ最初からＤ４レベルの人ばかり採用してはどうでしょう」

「能力の高い人はなかなか見つからないものです。それに変化の激しい世の中ですから、特定の目標やタスクでＤ４を維持するのは決して簡単ではありません。ですから人々をたえず成長させて、高いパフォーマンスを維持させなければなりません。そのためには高度な診断スキルが必要です。このことについて、私たちがよく引き合いに出す格言をお教えしましょう」

「だれでも
ピーク・パフォーマンスに到達する
可能性をもっている。
その人がどんな状態にあるかを知り
そこに合わせてあげさえすれば
よいのだ。」

「だれにでも可能性があるのだから、それを伸ばしてあげればいいのですね」
「そのとおりです」キャシーが答えた。「D１やD２だからといって何も問題ありません。長い人生のなかでは、だれでも与えられた仕事、学ぼうと思ったスキルでD1やD2だったことがあるはずです。初めて取り組んだのだから、最初は指示や支援がなければ高いレベルのパフォーマンスは実現できなかったでしょうし、実力を蓄えなければならなかったはずなのです」

「D1とD2の違いも〝意欲《コミットメント》〟でしょうか」

「そのとおりです。特定の目標やタスクでD1やD2であるということは、まだ技能《コンピテンス》が足りず、指示されなくても高いレベルのパフォーマンスを実現するだけのスキルや経験がないということです。ただし動機づけはD1が高く、D2が低い。だれでも最初は新しいことを覚えようと気持ちが高ぶっているし、自分のもつ汎用スキル、発想力、熱意を認めてもらえると信じているから、D1はやる気十分なのです。D1は自信も一流ですが、しょせん幻想にすぎません。自分の汎用スキルを過大評価し、目標を達成できると信じています。真に実力があり、自立しているとはどういうことか、完全にはわかっていないのです」

キャシーはさらにつづけた。「スキルが上がって、逆に自信や動機づけが下がることもあります。本当に質の高い仕事をするには、どれだけ学びや実践を重ねていかなければならないかがわかってくるからです。昔からよくいわれるように、『学べば学ぶほど自分がどれだけ無知かを思い知らされる』のです。励まし、指示し、意思決定にかかわるチャンスを与え、成果に対して肯定的なフィードバックを与えていけば、D2の自信は少しずつ回復していきます」

起業家が尋ねた。「監督せずに放置しておくとしたら、D2よりD1のほうが危険ですね」

「なぜそれを聞くのですか」

「熱心で自信満々だけれど、能力や経験が不十分な人間に好き勝手にやらせたら、大失敗につながりかねません。そういう人間は『天使も踏むを恐れるところ』に足をつっこんでしまうものです」

「ご指摘のとおりです。D2のほうは、放っておくと指示や支援がないかぎり行動しません。どうしてよいかわからず、自信や動機づけも足りないので、次のステップに進めないのです。一方、実力不足で自信ばかり大きい人は、慎重さが欠けています」

「技能《コンピテンス》と意欲《コミットメント》の組み合わせ次第で、それぞれのレベルにどんなリーダーシップスタイルが必要か、なんとなく想像できる気がしてきました」

■発達レベルは目標ごと、タスクごとに異なる

「各レベルにどんなリーダーシップスタイルが適しているかをご説明する前に、最初にお話ししたことを思い出してください。発達レベルは目標ごと、タスクごとに異なるのです。1分間マネジャーの部屋で標語を見たと思いますが、一部を少し変えてみました」

「同じ人でも
仕事が違えば
違ったやり方を。」

「その人の発達レベルは、取り組んでいる目標、あるいはタスクごとに異なるとおっしゃっていましたね」起業家はジョン・ダラパとの会話を思い出しながら言った。

「そのとおりです。最初にチームメンバーと一緒に3つから5つの目標を立てたら、それぞれの目標ごとに、その人の発達レベルがどのあたりにあるかを一緒に考えるのです。例えばあるエンジニアが、技術的な面では実力も自信も兼ね備えたD4レベルだけれど、予算管理における発達レベルはそれより低く、〝期待がはずれた学習者〟（D2）だったとしましょう」

「その場合、技術面と予算管理とで異なるリーダーシップスタイルが必要ですね」

起業家は言った。「ジョン・ダラパに会ったとき、そのことは実感しました。とはいえ、それぞれの発達レベルにどんなリーダーシップスタイルを用いるべきかは、まだよくわかっていません」

「それなら、1分間マネジャーのところにもういちど戻ってはどうでしょう。すぐれたSLⅡリーダーの第三のスキル、マッチングについて教えてもらうのです」

「ぜひ彼の考えを聞いてみたいですね」そう言って起業家は時計を見た。「午後は何本か電話を入れないといけないので、明日の午前中に面会できるかどうか聞いてみます。いろいろとありがとうございました」

「どういたしまして」キャシーは答えた。

2

リーダーシップスタイルを使い分ける

翌朝、起業家は約束の時間に1分間マネジャーのオフィスを訪ね、これまで学んだことを興奮気味に報告した。

「そんなに関心をもっていただいたとはうれしいですね」1分間マネジャーは言った。「すぐれたSLⅡリーダーへの旅路の次なるステップについて、お手伝いできることがありますか」

「キャシー・グプタから聞いたのですが、SLⅡリーダーの第三のスキル、マッチングを教えるのがお得意とか」

「そうです。だからこそ、まず社員たちに話を聞くようお勧めしたのです。相手によってリーダーシップスタイルを使い分けていることを、わかっていただきたくて……マッチングとは、さまざまなリーダーシップスタイルをごく自然に使い分けて、相手が必要とするものを、必要とするときに提供することですから」

「それについては、私もジョン・ダラパの話を聞くまで、あなたのリーダーシップスタイルをわかったつもりになっていました」

「というと？」

「指示型か支援型の2種類だけと思っていたのです。でもジョン・ダラパに対する接し方は、どちらにもあてはまりませんでした」

「そのことではみんな驚くようです。だれもがリーダーシップスタイルは2種類しかないと思い込み、どちらか一方の側に立ってお互いをけなし合ってきました。支援型のマネジャーは考えが甘すぎる、軟弱だといって非難されます。こちらは部下に協力的すぎるし、逆に指示型マネジャーは管理しすぎと言われるのです。しかし私の長年の持論は、一方の極に凝り固まるマネジャーは半人前のマネジャーだということです」

「一人前のマネジャーになるにはどうしたらよいのでしょう」起業家は笑顔で尋ねた。

「一人前のマネジャーとは、柔軟に**4種類のリーダーシップスタイル**を使い分けられる人です」1分間マネジャーはそう言って、パソコンに次ページのような文書を呼び出した。

4種類のリーダーシップスタイル（要旨）

スタイル1―指示型

- 指示型行動が多く、支援型行動が少ない。
- リーダーは特定の目標について具体的な指示を与え、自らやってみせ、説明し、部下のパフォーマンスをつぶさに観察して、結果に対して頻繁にフィードバックを与える。

スタイル2―コーチ型

- 指示型行動も、支援型行動も多い。
- 特定の目標やタスクの達成に向けて指示を与える点は同じだが、どうしてそうしなければならないかを説明し、部下の意見を聞き出し、意思決定に加わるよう促す。

スタイル3―支援型

- 指示型行動が少なく、支援型行動が多い。
- リーダーと部下が共同で意思決定を行う。リーダーの役目はプロセスを円滑にすること、聞き役にまわってアイデアを引き出すこと、激励すること、支援することである。

スタイル4―委任型

- 指示型行動も、支援型行動も少ない。
- 何を、いつ、どのようにやるかについて、意思決定のほとんどを部下が行う。リーダーの役割はその人の貢献を評価することで、成長を応援することである。

3

4つのリーダーシップスタイル

起業家が文書に目を通し終わると、1分間マネジャーが説明した。

「4つのリーダーシップスタイルは、リーダーが相手を動かしたいときにとりうる2種類の基本行動、〝**指示型行動**〟と〝**支援型行動**〟の組み合わせを変えたものです。指示型行動のキーワードは『決定』『指導』『観察』『頻繁なフィードバック』の4つ。一方、支援型行動のキーワードは『傾聴』『介入』『促進』『激励』の4つです」

「指示型行動は管理や支配に近いように思えますが」

「確かにそうです。何を、いつ、どこで、どうやるかを指示したうえで、目標ないしタスクにその人がどう取り組んだかを詳細に監視《モニター》しますから。ただし、その人がもつ汎用スキルや独創的なアイデア、学習意欲に対しても、きちんと評価しないといけません」

「人材・能力開発担当の若手副社長、ラリー・マッケンジーに対するあなたのやり方が、まさにそれですね。スタイル1を使っていました。あなたが彼をかわいがるのもわかります。学ぼうという意欲があって、潜在能力がありますから」

「おっしゃるとおりです」と1分間マネジャーが答えた。「ここまでを要約すると、まず指示が多いが支援は少ないスタイル1を〝**指示型**〟と呼びます。目標はこれこれ、正しい仕事のやり方はこれこれと教えるだけでなく、タスクをどうこなしていけばよいか、段階を追ったプランもつくってあげます。問題解決もリーダーがやるし、意思決定も大半はリーダーがやる。部下のやるべきことは指示やプランに従うこと。リーダーはさらにフィードバックを与えたり、部下の学習意欲や汎用スキルの開発にも気を配ったりします」

「ところが、あなたが財務担当のシンディ・リウに使っていたスタイルは、それとは違っていました。もっと支援していたし、協力関係に近い感じでした」

「そのとおりです。だから、支援型行動が多いが指示型行動は少ないスタイル3を**〝支援型〟**と呼ぶのです。この場合はその人の努力を支援し、意見に耳を傾け、良い質問をして、自分の実力を信じられるようにしてあげます。動機づけを高める必要がある場合は、その人の貢献をいかに高く評価しているかを伝えます。そして、もっと高いところをめざすよう、奮起を促します。スタイル3のマネジャーは、自分ならこの問題をこう解決するとか、この仕事をこうこなすとか言ったりしません。その人が自分なりの解決策を見つけられるよう、アイデアを刺激するような質問を投げかけたり、恐れずにリスクをとることを勧めたりします」

起業家が尋ねた。「キャシー・グプタによれば、発達レベルが違えば対応も変えなければいけないということです。でもあなた自身、一貫性がないと批判されたことはありませんか。ラリーに対してはこう対応したのに、シンディやジョンにはこう対応したというふうに」

「確かに一貫性を保つのは大切なことです。しかし私にとって一貫性の定義は少し異なります。あなたの言う一貫性とは、『どんなときも同じリーダーシップスタイルをつらぬく』というふうに聞こえますよ」

起業家はちょっと考え込んだ。「そうはいっても、部下から扱いが違う、不公平だと言われるのではありませんか」

すると1分間マネジャーは壁にかかった飾り額を指差した。

「同じでないものを
同じに扱うことほど
不平等なことはない。」

「エマソンがお好きなのですね」起業家は言った。「エマソンにはこんな言葉もありますよ。『愚かな首尾一貫性は狭い心が化けたものである』」

1分間マネジャーはにっこりした。「それも私の座右の銘のひとつです。SLⅡリーダーとしてやってくるなかで、あらゆる状況に同じスタイルを適用するのは愚かなことだと考えるようになりました」

「あなたのおっしゃる4種類のスタイルをあらためて整理してみたいのですが、それぞれの具体的な例を教えていただけませんか」

「そうですね、例えばこのオフィスの外でだれかが騒いでいたとします。そこで私はあなたに言います。『行って、おしゃべりするなら廊下の先でやるよう伝えてください。それで問題が解決したかどうか、あとで私に確認をとってください』。これはどのリーダーシップスタイルにあたるでしょうか」

「**指示型**スタイルです」

「正解。これはスタイル1にあたります」

「なるほど。ではおしゃべりをやめさせるのにスタイル2を使うとしたら、どんなふうになりますか」

「スタイル2は**コーチ型**スタイルです。コーチ型は指示と支援の両方を使います。おしゃべりをやめさせるのにコーチ型を使うとしたら、こうです。『外が騒々しくて迷惑ですね。行って、おしゃべりするなら廊下の先でやるよう伝えるべきだと私は思います』。そして、相手に質問や意見があるかどうか尋ねます。もっと良いアイデアがあれば支持するし、私のアイデアのほうがよいと思えば、私の考えを説明します」

「コーチ型スタイルの場合は、相手の意見を聞いて、双方向のコミュニケーションをはかるわけですね。そして最終的な決断はマネジャーが下すのですか」

「もちろんそうです。ただし相手の意見も聞きます。部下の意見のほうがすぐれている場合もありますから、支援は十分に行います。マネジャーは、部下がリスクを恐れず斬新な発想をするよう奨励しないといけません」

「スタイル2とは、チームメンバーの意見を聞くということですね。ではスタイル3は？」

「スタイル3は**支援型**です。このスタイルを使う場合は、こんなふうに問いかけます。『外が騒々しくてかないません。どうすればいいと思いますか』。部下の考えを自由回答式で尋ねるわけですが、問題解決はおおむね部下に任せます」

「スタイル4の**委任型**はどうでしょう。私の想像では『騒々しくてかないませんね。対応をお願いします』というのではありませんか」

「委任型としては完璧な言い方です。スタイル4では、日々の意思決定や問題解決の責任を、そのタスクを担当している本人の手にゆだねます。以上見てきたように、『おしゃべりをやめさせる』という同じ問題、同じタスクであっても、4種類のリーダーシップスタイルがありうるということです」

1分間マネジャーはパソコンに図を呼び出して、起業家に見せた。

ＳＬⅡリーダーシップスタイル

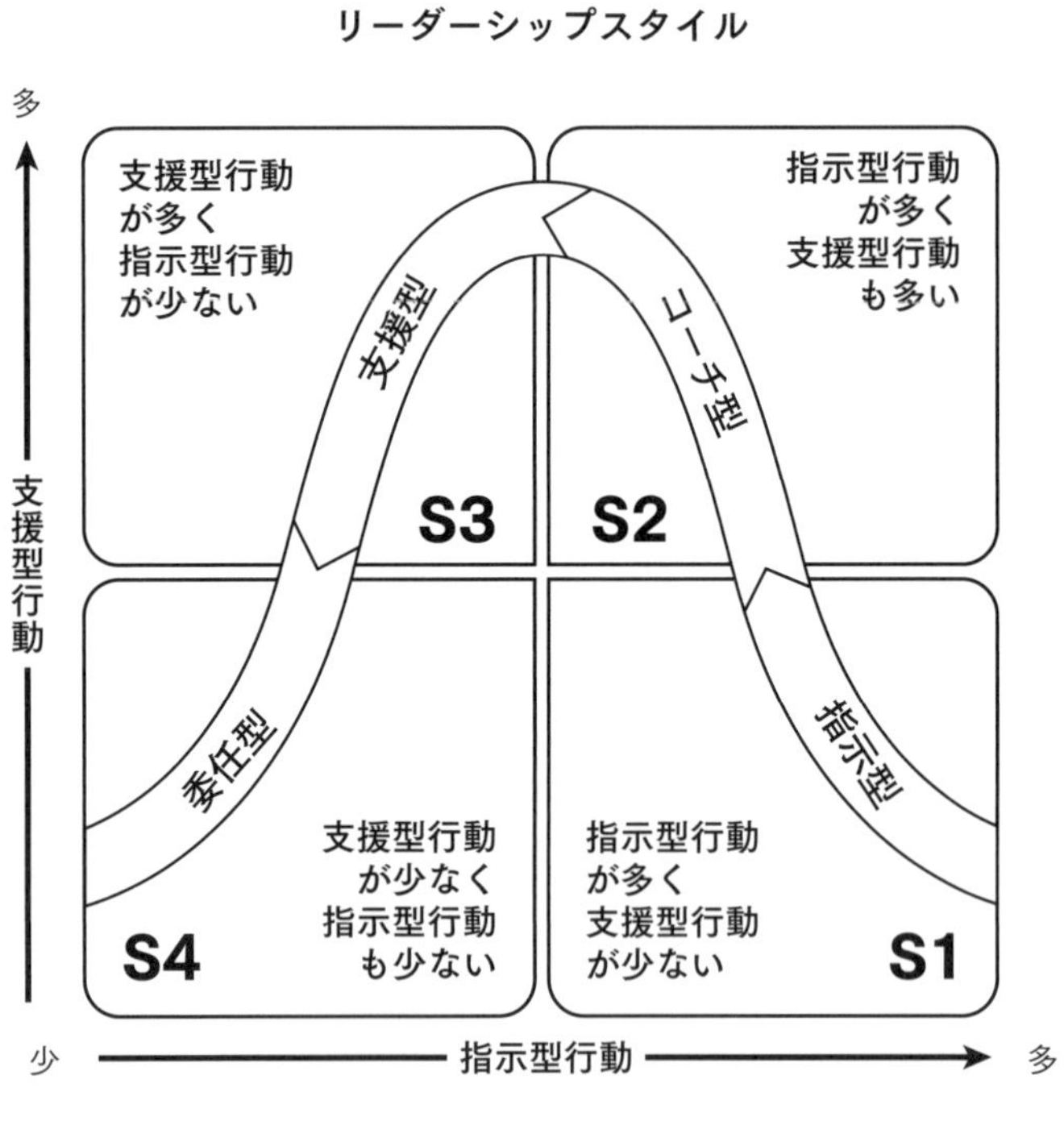

4 リーダーシップスタイルを発達レベルに合わせる

起業家は図をじっくり眺めてから言った。「キャシー・グプタから、そして今あなたからお話を聞くまでは、『最高』のリーダーシップスタイルというのがあると思っていました。例えば協調型リーダーシップとか、コンセンサスに基づくリーダーシップスタイルとかいうように」

「残念ながら多くの人がそう思い込んでいます」1分間マネジャーは言った。「しかし私たちの考えは違います。だから状況対応型のSLⅡという考え方が生まれたのです。つまり、ある状況ではS3支援型スタイルがいいでしょうし、別の状況では別のスタイルがいいかもしれないのです」

■S1指示型スタイルがふさわしい状況

「S1指示型スタイルがふさわしい状況というのが、どうも想像できないのですが」

「そういう状況はいくつもあります」1分間マネジャーは言った。「例えば会議中に火事になったとしたら、出席者をグループに分けて最善の脱出法を話し合ったりさせますか。話し合いの結果を報告させて、全員で最善の方法を選んだりしますか」

「まさか」起業家は笑った。「私なら『出口はこちらです。ついてきてください』と言うでしょう」

「そうですよね。だからS1指示型スタイルは、**瞬時に決断しなければならない、緊急度の高い状況**に適合するのです」

「その例はわかりやすいですね。ほかにも指示型スタイルが合いそうな状況がありますか」

「経験はほぼ皆無、けれど勉強すれば大いに伸びそうな部下がいたとします。その部下に、仕事を遂行するには何を、いつ、どこで、どうやればいいか、意見を聞く必要があるでしょうか」1分間マネジャーが問いかけた。

「時間もお金もありあまっているなら別ですが、そんな必要はありません。あなたがおっしゃりたいことはわかる気がします。指示型スタイルは、**経験はないが自立していけそうな人材**の場合にも使えるということですね」

「そのとおりです。指示型は、スキルはあるが社内の優先事項や方針、ビジネス手法などを知らない人にも適用できます」

「指示されたり、細かく監視されたりするのを嫌う人もいるのでは?」

「最初のうちは、おおむね大丈夫です。あるタスクを初めて学ぶとき――キャシーから聞いたでしょうが――たいていの人は〝意欲満々な初心者〟なのです。支援はなんでも受け入れる意欲があります。良い仕事をしたいし、一刻も早く仕事を覚えたいからです」

「みながみな、良い仕事をしたいと思っているでしょうか。私の見るところ、組織で働く人間の多くは自分の時間を切り売りして、外で自分のやりたいことに使っているように見えます。お金のために働いているとしか見えないし、組織が目標を達成しているかなど、関心がないようです」

「おっしゃるとおりです」1分間マネジャーは言った。「残念なことに、実に多くの人たちが投げやりに、ただ時間を切り売りして働いている。けれどそういう人たちが、最初に仕事を始めた当時にタイムスリップすることができたら、そんなやる気のなさなど見当たらないことでしょう。やる気を失うのは、高いパフォーマンスを実現しても何も変わらないことに気づいてしまうからなのです」

「どういう意味ですか」

「高いパフォーマンスを実現しても、だれも気づいてくれないことが多いということです。良い仕事をしても、マネジャーは何も言わない。そのかわり、ミスをするとすぐに飛んでくるのです」

「ランディ・ロドリゲスから『ほったらかしてバッサリ』式リーダーシップとか『かもめマネジャー』とかの言葉を聞きました」起業家はそう言って笑った。「相手が学習者であれだれであれ、そういうやり方が効果をあげないことは、私にもわかります」

■S2コーチ型スタイルがふさわしい状況

「そのとおりです」1分間マネジャーは答えた。「経験の浅い相手にそういう対応をするから、意欲《コミットメント》を失ってしまう。いったん意欲を失ったら、もはや指示を与えるだけではだめなのです。支援したり、励ましたりしなければなりません」

「それがS2のコーチ型ですね」起業家が水を向けた。

「そうです。期待がはずれたときこそ、コーチ型スタイルの出番です」

「〝期待がはずれた学習者〟のことはキャシーから聞きましたが、あなたにもお聞きしたいと思います。期待はずれとはどういうことでしょうか」

「ご存知のように、あるタスクに取り組んでみると、予想したよりずっと難しいことが多いものです。これが興味を失う原因です。あるいは、どんなにがんばっても報われないと、やる気をなくす場合もあるでしょう。必要な指示をもらえない、たえず『自分で考えろ』とぴしゃりと言われてしまうかもしれません。進歩がなかなか見えなくて、自分にはこの仕事をマスターするだけの能力がないと自信を失う場合もあるでしょう。こんなふうに**幻滅して、当初の情熱もさめてきたとき**、最善のやり方はコーチ型スタイルを使い、指示も支援も多くすることです」

「D2レベルに入っても指示はやめない、なぜならスキルも技能《コンピテンス》もまだ足りないからですね」

「そうです。ただし部下の不安に耳を傾け、全体像や今後の見通しを示してあげたり、進歩を認めてあげたりすることも必要です。さらに、できるかぎり意思決定プロセスに参加させること、そして、それによって意欲《コミットメント》を取り戻させるのです」

「お話を聞いていると、新しいタスクを覚えたり、新しいプロジェクトに取り組んだりするときは、だれでも一度は幻滅する時期があるのですね」

「人によって程度の差はあります。マネジャーがどれだけ支援し、自分のほうを向いてくれるかによっても変わってきます。私自身、口で言うほど実行できてはいませんが」

「なるほどわかりました。Ｓ１の指示型リーダーシップスタイルは〝意欲満々な初心者〟（Ｄ１）に向いていて、Ｓ２のコーチ型スタイルは〝期待がはずれた学習者〟（Ｄ２）に向いているということですね」

「そのとおりです」

■Ｓ３支援型のリーダーシップスタイル

「ところで、指示されたり、コーチを受けたりするのを嫌うのはどんな人だと思いますか」１分間マネジャーは起業家に尋ねた。

「経験豊富な人でしょう。そういう人は、より協調型で、支援型のリーダーシップスタイルを望むと思います」

「そのとおりです。経験豊富な人は話を聞いてもらい、支援してもらうことを望みます。財務責任者のシンディ・リウに会いましたね。彼女は与えられたすべてのタスクで、Ｓ３の支援型スタイルが効果をあげました。経験豊富で実力もある人ですが、〝慎重になりがちな貢献者〟に変身することもあるからです。プロジェクトを任せると、アイデアをいろいろと思いつくのですが、まずは私に見てもらいたがる場合が多いのです。意思決定も自分でしたいほうですが、私にくらべると**自分の考えに自信をもちきれない**ところがあります。もっと自信をつけ、タスクへの情熱を取り戻す必要があり、それには支援型スタイルが役に立ちます。ただし、どんな場合にも支援型が有効というわけではありません」

「例えば？」

「親しい友人の場合が典型的な例です」1分間マネジャーは言った。「夫婦のあいだがおかしくなり、お互いを非難し合う状態がつづいていました。ようやくふたりを説き伏せて、結婚カウンセラーのところに行かせました。やるだけのことはやった、これで大丈夫と私たちは胸をなでおろしました」

「ところがそれで終わりではなかった？」

「どんなカウンセラーのところに行くかまでは尋ねなかったのですが、ふたりが訪ねたのは面倒見のよい、しかし指図はしないカウンセラーでした」

「それでどうなったのです？」起業家は身を乗り出した。

「ふたりは1時間あたり200ドルもの料金を払い、やることといえばお互いに罵り合うだけでした。その間、カウンセラーは何もせず、ひげをなでながら言いました。『フーム。どうやら怒りがあるようだ』。ふたりはカウンセリングを3回受け、離婚しました」

「このふたりには、優秀な指示型カウンセラーが必要だったとおっしゃりたいのですね。結婚生活を立て直すきっかけとして、まず何をやるべきかをはっきり言えるようなカウンセラーが。もちろん、ふたりが訪ねたカウンセラーも、別の夫婦だったら効果があったかもしれません」

「そのとおりです」1分間マネジャーは言った。「夫婦だけで解決できるような問題だったら、そしてふたりで解決法を見つけるまで話を聞き、支援してくれる人が必要だったなら、そのカウンセラーでよかったでしょう。いかがですか、これがベストといえる決定的なリーダーシップスタイルなど存在しないことが、わかっていただけたでしょうか」

■S4委任型リーダーシップスタイル

起業家はにっこり笑った。「説得されつつあります。でもS4はどうでしょう。委任型が適しているケースとは？」

「委任型は〝自立した達成者〟に向いています。技能《コンピテンス》も意欲《コミットメント》もある人です。指示は必要なく、自分で自分を支援することができます」

「つまり**自分で自分の貢献を評価し、今のやり方でよいか悪いかを自分で判断できる**ということですね」

「だいたいそういうことです。こういう人に会うと、『称賛の旅』に連れていかれることが多いものです。自分や部下がどれだけ成果をあげているか、片っ端から列挙してくれます。トップ・パフォーマーは自分や部下のやり方は正しい、チームも高い実績をあげていると思っているので、指示や支援はいりません。つい先日のことですが、委任の大切さを物語るかわいらしい話を聞きました」

「どんな話ですか」

「よく聞いてくれました！」1分間マネジャーは笑った。

「ある日、小さな女の子が父親に尋ねました。『パパ、ママはどうして夜中まで仕事をしているの』

『会社で仕事が終わらなかったからだよ』

女の子は精いっぱい知恵をめぐらせて言いました。『だったらママを「できない子」のグループに入れたらいいのに』と」

「すばらしい話ですね」起業家は笑いながら言った。「その女の子がＳＬⅡリーダーのことを知っていたら、『だったら、もっと委任すればいいのに』と言っていたでしょう」

5 行動に移る前に考えろ

起業家はさらにつづけた。「ＳＬⅡリーダーの３つのスキル、**目標設定・診断・マッチング**の効果がだいぶわかってきました。部下と一緒に〝**目標**〟を設定しただけでは、目標の達成は保証されません。日々のコーチングが必要です。とはいえ、目標を達成させる万能薬のような方法など存在しません。だから、まず相手の発達レベルを〝**診断**〟し、特定の目標を達成するのにどれだけ指示や支援を必要としているかによって、リーダーシップスタイルを〝**マッチング**〟させる必要があります。以上の３つのスキルを身につければ、すぐれたＳＬⅡリーダーになれるのです」

「そのとおりです」１分間マネジャーはうなずいた。「それなのに、ほんの一瞬でいいから、立ち止まって部下が何を必要としているかを見定めようとしないリーダーがほとんどです。ひたすら部下を追い立ててばかりいる。そういう人は心のなかに自分を非難する声が響いていて、いつも『のんびりするな、何かをしろ！』と言われているのでしょう。しかし、私はその逆だと思う」

「ペースを下げて
冷静になればなるほど
ペースは上がる。」

「行動に移る前に考えろということですね」起業家が言った。
「診断とマッチングとは、そういうことです。問題を図で整理してみましょう」

発達レベルに合わせた声かけ

部下		リーダー
D1	「初めての仕事なので、私のほうからある程度指示を出し、資源や情報を提供したほうがよいのではありませんか」	S1
D2	「まだ学習中で、少し弱気になっているかもしれないから、引きつづきある程度の指示を与えていったほうがよいのではありませんか。あなたの考えも聞かせてください」	S2
D3	「やり方はわかっているのだから、私から助言するというより、話を聞いてあげたほうがいいですよね」	S3
D4	「あなたが主導権をとりますよね。ただし助けが必要なら、いつでも言ってください」	S4

起業家は4つの発達レベルと4種類のリーダーシップスタイルの関係を再確認したうえで、こう言った。

「こうして並べると、発達レベルとリーダーシップスタイルの関係を覚えやすいですね。4つのDと4つのSが互いに対応しています。要約するとこんな感じでしょうか。

●指示型（スタイル1）は、技能《コンピテンス》はないが熱心でやる気のある〝意欲満々な初心者〟（D1）に向いている。指示し、頻繁にフィードバックを与えることで成長のきっかけをつかませ、実力を高めていく必要がある。

●コーチ型（スタイル2）は、ある程度力はつけたものの、意欲《コミットメント》を失っている〝期待がはずれた学習者〟（D2）に用いる。まだ経験が足りないので、指示も支援も引きつづき必要。さらに支援し、評価することで自信と動機づけを高め、意思決定に参加させて意欲を取り戻させる必要もある。

●支援型（スタイル3）は、技能はあるが自信と動機づけが足りない〝慎重になりがちな貢献者〟（Ｄ３）に用いる。スキルがあるので指示は不要だが、自信をつけさせ、動機づけを高めるために支援を必要としている。

●委任型（スタイル４）は技能《コンピテンス》も意欲《コミットメント》もある〝自立した達成者〟（Ｄ４）に用いる。指示や支援がほとんどなくても、ひとりでプロジェクトに取り組む能力と意欲をそなえている」

起業家の総括を聞き終えた1分間マネジャーは、にっこり笑って言った。「あなたはのみこみが速いですね」

「ほめていただいてうれしいのですが、４種類のスタイルがわかったところで、ひとつ質問があります。ある人にあるリーダーシップスタイルがよいとわかったら、その人には同じスタイルを使いつづけたほうがよいのでしょうか」

「その質問については、通りの向こうのカフェで話すことにしましょう」

第5章

Leadership and the One Minute Manager

同じ人にも状況によって違うやり方を

1 目標やタスクごとにスタイルを切り替える

カフェの椅子に座ると、1分間マネジャーは会話のつづきを始めた。

「あなたの質問を確認しておきましょう。あなたが知りたいのは、ある人に適合するリーダーシップスタイルを見つけたら、そのスタイルを変えてもよいのかどうかということですね。そこで、息子のトムの話をしましょう。あなたの質問に答えるだけでなく、あらゆるタスクにおいてレベルが同じ人などいない、ということの裏づけになるはずです。

何年も前、息子が5年生のときのことです。妻と私は、息子が読解では同級生より1年進んでいて、算数では1年遅れていると聞かされました。私は原因を突き止めたうえで、担任の先生のうちのひとりに連絡をとりました」

「うちのひとり?」起業家が聞き返した。

「はい。クラスの人数50人に対して、4人から5人の先生が各教科を担当しているのです。その先生たちに面会に行って、こう尋ねました。『読解と算数とで、息子の扱いをどう変えておられますか』

先生たちは『どういう意味でしょうか』と聞いてきました。

『読解の授業はどんなふうにやっていますか』

『壁際にファイルが並んでいますね。生徒ひとりひとりに自分用の読解のファイルがあります。読解の時間になると、生徒たちは壁際にファイルをとりに行き、机に戻って前回のつづきから読みはじめます。質問があれば手を挙げると、教師のだれかが助けに行きます』

さて、先生たちは読解の授業で、トムにどんなリーダーシップスタイルを使っていたと思いますか」

「委任型スタイルです」起業家が答えた。「自分専用のファイルをもっていて、先生に助けを求めるのも自分の判断で決めていますから」

「では、読解での息子の発達レベルは？」

「Ｄ４でしょうか」

「そのとおりです。息子は読解が好きで、得意でもある。したがって委任型スタイルがまさにぴったりです。

さて、そこで私は先生方に尋ねました。『算数のときはどうしていますか』

先生たちの答えはこうでした。『反対側の壁際にファイルが並んでいます。生徒ひとりひとりが自分用の算数のファイルをもっています。算数の時間になると、子どもたちは自分のファイルをとりに行き、机に戻って先週のつづきから始めます。質問があれば手を挙げると、教師のだれかが助けに行きます』

『息子の反応はどうですか？』

『かんばしくありません。ひどく心配しています』

そこで私は言いました。『そのはずです！　算数での先生方のやり方にはがっかりしました。同じ子どもでも、教科が変われば違うアプローチが必要だと、だれにも教わらなかったのですか』

さて、先生たちは算数の授業で、トムにどんなリーダーシップスタイルを使ったと思いますか」

「委任型スタイルです」起業家が答えた。

「では、算数での息子の発達レベルは？」

「読解よりずっと下でしょうね」

「そのとおり。息子はＤ２でした。算数ができないし嫌いでした。したがって委任型スタイルは合いません。実際のところ、委任というより『放任』でした。

そこで尋ねたのです。『みなさんのなかで最も伝統的なタイプの先生といわれているのはどなたですか』。すると年配のマクブライド先生が微笑みかけてきました。学校がチーム指導に切り替わるまで、30年にわたって従来の学校制度のもとで教えてきた人です。私は彼女がある小学校で教えていたとき、12時15分に教室の前を通りかかったことがあります。食堂すらない小さな小学校でした。扉は開け放たれていて、マクブライド先生がベートーベンのレコードをかけるなか、5年生30人が席について黙々と昼食をとっていました」

「コントロールとはどういうことか、あらためて認識させるような光景ですね」

「確かに」そう言って1分間マネジャーは微笑んだ。「マクブライド先生は指示型リーダーシップスタイルの典型例です。廊下をはさんだ向かい側には別の5年生の教室がありました。扉はしまっていましたが、小さなのぞき窓がありました。なかのようすをうかがうと、まるで動物園です。子どもたちが走り回って、机やら椅子やらによじのぼっています。担任のジョーンズ先生はすばらしい人で、子どもたちにハグしたりキスしたり、一緒に踊ったりしています。とても楽しそうでした。まさに好対照です」

「このジョーンズ先生は、トムの読解の先生として適任でしょうか」1分間マネジャーは問いかけた。

「ええ」

「なぜ?」

「息子さんは読解では教師を必要としていませんでした」起業家は笑顔で答えた。

「そのとおり。なんでも自分でできるのに、口うるさい先生なんて必要ありません」

「得意科目にどうしても先生がいるというなら、だれだって、あたたかくておだやかなジョーンズ先生がいいですよね」起業家も笑いながら言った。

「私はマクブライド先生に言ったのです。『息子は算数が苦手です。指導をお願いできませんか』と。『もちろんお引き受けします』と先生は答えました。

『どのようになさるおつもりですか』と尋ねると、先生はこう答えました。『最初から私が教えていたら、もっと簡単だったでしょう。息子さんはすっかりやる気をなくしています。思った以上に難しく、成績も上がらないからです。ですから算数の時間になったら私が行って、「算数の時間ですよ。一緒にファイルをとりに行きましょう」と声をかけます（トムは自分のファイルをとらないことさえあります。欠席の子どものファイルをとって、時間稼ぎをしようとするのです）。それから机まで連れて戻り、座らせてこう言います。「さあ、1番から3番までの問題をやりなさい。5分たったら戻ってきて答えを聞きますからね。私と一緒に勉強すれば、算数の成績はよくなりますよ」と』

私は言いました。『それこそ息子が求めていたものです！　息子の算数を見てやってください』と。そして先生は引き受けてくれました」

「マクブライド先生のコーチ型スタイルで成績は上がったのですか」起業家が尋ねた。

「もちろんです。とはいえ、息子は監督やコントロールを喜んだでしょうか」

「喜ばないでしょう」

「人間主義の人たちには申し訳ありませんが、人は愛だけではスキルを身につけられません」

「あなたが言いたいのは、あるタスクにおいて技能《コンピテンス》のない人には、だれかが指示を与え、コントロールし、監督する必要がある。さらに意欲《コミットメント》もないという場合には、支援や激励も必要ということですね」

「トムの場合、運がよかったのは、学期末まで3か月しか残っていなかったことです。マクブライド先生の欠点はなんだと思いますか」

「厳しすぎるところでしょうか」

「それもあります。この先生には、指示型からコーチ型への切り替えはできたでしょう。しかしコーチ型から支援型や委任型への切り替えはできませんでした。初期段階においてはすばらしい先生です。けれど子どもが算数のスキルを覚えはじめたとき、子どもの自主的な学習を増やしていくことができない人なのです」

2

部下を伸ばす5つのステップ

起業家はコーヒーをすすりながらうなずいた。「あなたの判断は正しかったと思います。息子さんの例は、目標やタスクごとに発達レベルが異なることの良い見本であるだけでなく、同じ人間であっても、ある時点で正しかったリーダーシップスタイルが、時とともに適合しなくなることを示しています」

「まさにそうなのです」1分間マネジャーは言った。「特に指示型・コーチ型の場合がそうです。マネジャーがめざすべき目標とは、部下の実力や自信を徐々に高めていって、支援型や委任型など、より手間のかからないリーダーシップスタイルに移行して、かつ高い成果をあげることです」

「どうすれば、そんなふうにリーダーシップスタイルを切り替えていけるのでしょうか」

「それにはまず、ＳＬⅡのモデルを見てみましょう。これは発達レベルとリーダーシップスタイルを組み合わせたものです」（次ページ参照）

起業家はモデルをじっくり眺めた。「Ｄ１とＳ１、Ｄ２とＳ２、Ｄ３とＳ３、Ｄ４とＳ４がそれぞれ対応していますね。このモデルを使えば、あるタスクにおけるその人の発達レベルと、それに見合ったリーダーシップスタイルを簡単にマッチングできそうです」

「そのとおりです。ただし、もうひとつ付け加えさせてください。どの発達レベルにどのスタイルがふさわしいかを考えるときは、部下がその時点で独力でできないことをやってあげるのだ、ということを忘れないでください。Ｄ１は技能《コンピテンス》はないが意欲《コミットメント》があるのだから、リーダーは指示を与えて（Ｓ１＝指示型）実力アップを助

ＳＬⅡモデル

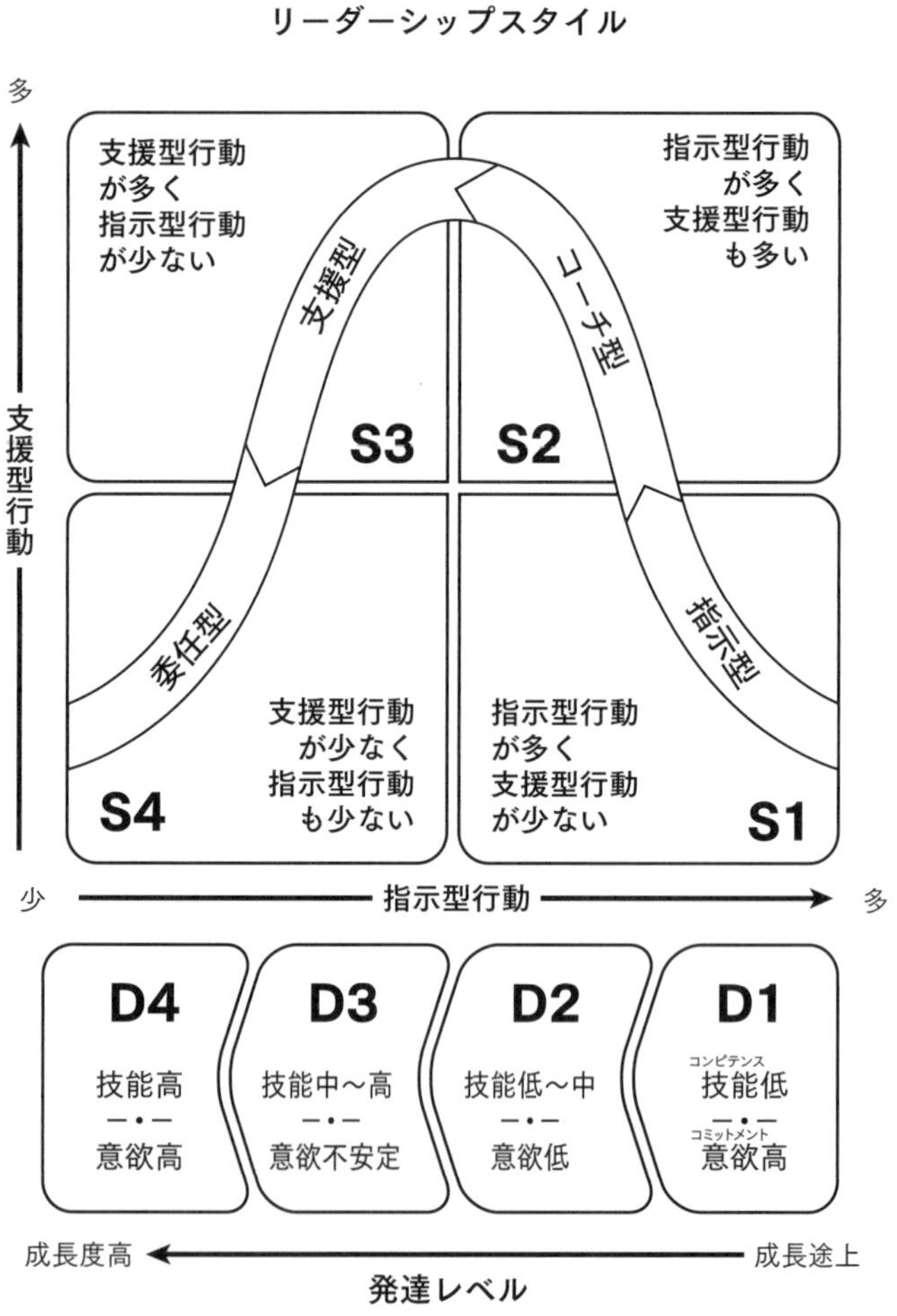
リーダーシップスタイル
多
支援型行動
少
指示型行動
多
支援型行動
が多く
指示型行動
が少ない
指示型行動
が多く
支援型行動
も多い
支援型
コーチ型
S3
S2
委任型
指示型
支援型行動
が少なく
指示型行動
も少ない
指示型行動
が多く
支援型行動
が少ない
S4
S1
D4
技能高
意欲高
D3
技能中〜高
意欲不安定
D2
技能低〜中
意欲低
D1
技能《コンピテンス》低
意欲《コミットメント》高
成長度高
成長途上
発達レベル

けなければいけない。D２は技能も意欲も足りないのだから、指示と支援を同時に与えて（Ｓ２＝コーチ型）気力を取り戻させ、指導を繰り返してあげなければいけない。Ｄ３は技能はあるが意欲にむらがあるのだから、支援を与えて（Ｓ３＝支援型）自分の実力に自信をもたせなければいけない。そしてＤ４は技能も意欲もあるのだから、貢献をたたえ、自分で自分に指示や支援を与えることを認めてあげなければならないのです（Ｓ４＝委任型）」

「大いに参考になります。ところで、４種類のリーダーシップスタイルを横断するこの曲線はなんでしょうか」

「私たちは**パフォーマンス曲線**と呼んでいます」１分間マネジャーは答えた。「発達レベルがＤ１からＤ４に移るにつれ、リーダーシップスタイルがＳ１（指示型）からＳ４（委任型）へと移っていくことを示しています。最初は支援が増え（Ｓ２）、次に指示が減り（Ｓ３）、最後は支援も減ります（Ｓ４）。Ｄ４に至ると、自分の仕事に対して自分で指示や支援を与えられるようになります」

「マネジャーがリーダーシップスタイルを変えるとき、どんなプロセスをたどるのか、説明していただけますか」起業家が頼んだ。

「部下の技能《コンピテンス》や意欲《コミットメント》を伸ばすには、5つの段階を踏んでいくよう教えています」

「第一の段階は、〝**部下に指示を与える**〟ですね」

「そのとおり」1分間マネジャーは答えた。「第二の段階は、〝**やって見せる**〟。行動のお手本を示すことです。何をやるべきかをわかってもらったら、今度はすぐれたパフォーマンスとはどんなものかを理解してもらいます。パフォーマンスを測る基準を学ぶのです」

「このふたつの段階は〝**伝える**〟と〝**見せる**〟ですね。SMARTのSとTにあたるのでしょうか。これは効果的な目標設定のポイントでしたよね」

「そうです。〝見せる〟と〝伝える〟は指示型行動にも属します」

「つまり、発達の道は指示型行動から始まるということですね」

「まったくそのとおりです」1分間マネジャーは言った。「目標と方向性が明確になったら、技能と意欲を育てる第三段階は〝**実践させる**〟ことです」

「でも、あまり急に責任を負わせてもいけないですよね」

「そのとおりです。リスクを大きくしすぎないこと。そこから第四の段階につながって、4番目はパフォーマンスを〝**観察する**〟ことです。指示型スタイルを使うときは、相手と密に連絡をとり、パフォーマンスを細かく監視《モニター》しないといけません」

「この段階を飛ばしてしまうマネジャーがよくいますね」

「おっしゃるとおりです。リーダーは、人を雇ってやるべきことを指示しておけば、あとはほったらかしにしても成果はあがると思い込む。それは放任であって、委任ではありません」

「私の経験からいうと」と起業家は言った。「最初から実力もやる気もある人を雇わないかぎり、たいていは失敗するし、そうでなくてもリーダーの期待どおりのパフォーマンスが得られないまま終わります。そうなると、たいていのリーダーはいらいらして、どうして仕事がうまくいかないのか説明させようとします。部下にしてみれば納得できないことです。リーダーがほったらかしにしたのは、それでいいと思っているからだと判断するしかありませんから」

「観察の段階を飛ばすと大変なことになると、わかっていただけましたね。だから私たちの間ではこんなふうに言っています」

「観察《インスペクト》すればするほど
多くを期待《エクスペクト》できる。」

「観察で大事なのは、良い面を強調するということですね」

1分間マネジャーは答えた。「私の好きな言葉にこういうのがあります。『人を育てたいと思ったら、悪いことでなく良いことに目を向けよ』。技能《コンピテンス》と意欲《コミットメント》を育てる第五の段階は、まずは〝**進歩を認めてあげる**〟こと、そして進歩が見られなかったら、次なる手段として〝**目標の修正**〟をするということです」

「修正?」

「はい。最初の目標設定に立ち返って、方向を変えてみる。そしてパフォーマンスを観察し、そして最後に進歩をほめる、進歩がなければ、もういちど修正を行います」

「最後の第五段階は、『1分間称賛』と『1分間修正』という、1分間マネジャーの第二、第三の秘訣を応用していますね」起業家が指摘した。

「そのとおりです。ただしD1からD2、D2からD3というように、ある発達レベルから次の発達レベルへと進むには、称賛がポイントになることは強調しておきましょう。これをつづけていくと、支援もだんだん不要になっていきます」

「なるほど」起業家は言った。

「あなたの質問にずばり答える図をお見せしましょう。相手のパフォーマンスが向上するにつれ、マネジャーがどのように行動を変化させていくかを示す図です」

そう言って1分間マネジャーはタブレットを取り出し、図を呼び出して起業家に見せた。

リーダーシップスタイル

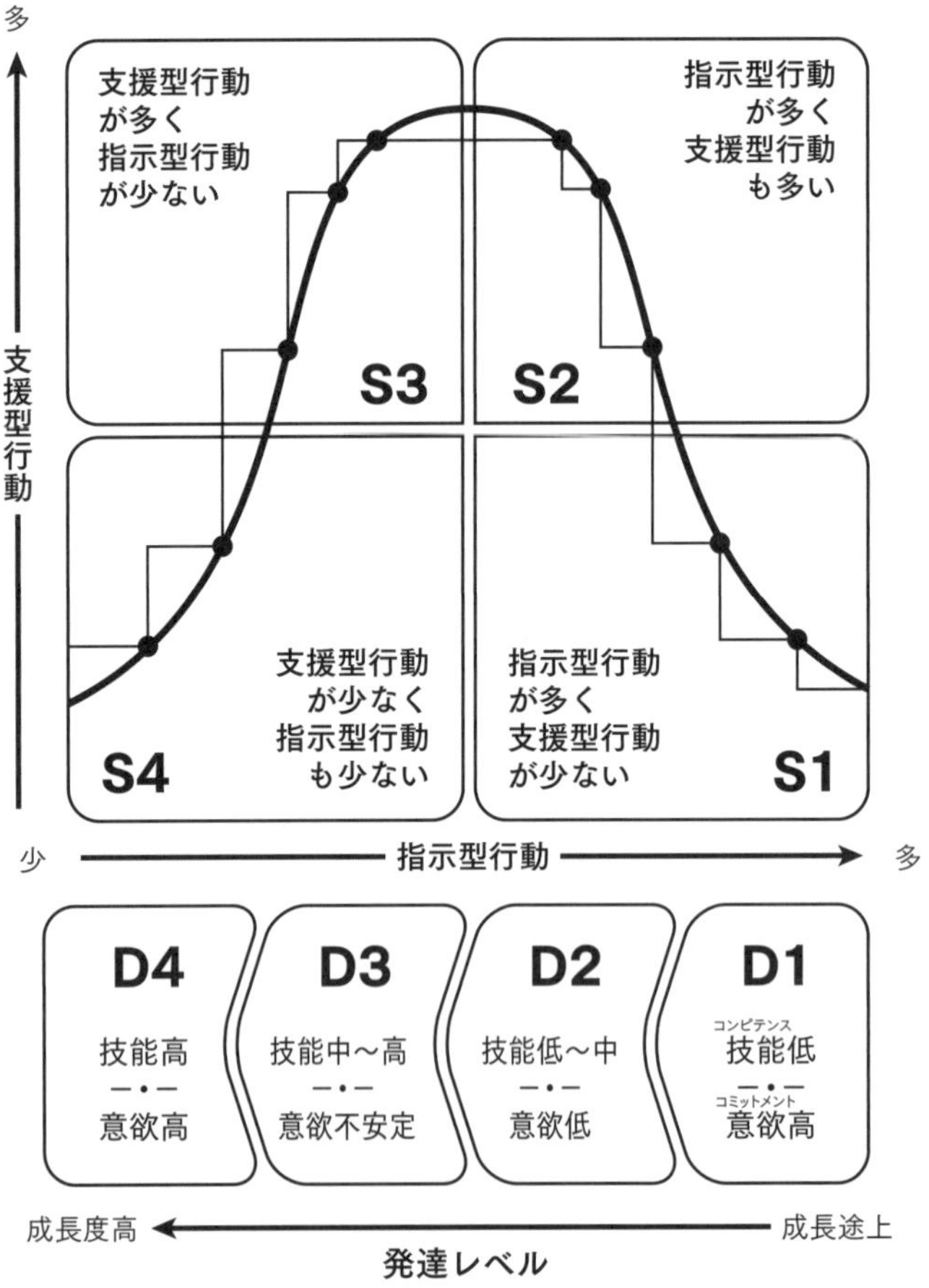

「曲線に沿って階段を上がっていくと、部下が仕事を覚え、マネジャーがだんだんに指示を減らしていくようすがわかります。さらに曲線に沿って階段を下りていくと、最初のうちは支援が多いが、次第に支援の量が減っていきます」

「支援的行動を減らしても大丈夫なのですか。そうなったら部下はどこから支援を得ればよいのでしょう」起業家が尋ねた。

「自分自身で支援するか、同僚に支援してもらいます」

「委任型のスタイルになったら、いっさい指示や支援を与えないのですか」

「『いっさい』という言い方は強すぎます。委任型スタイルでも何らかの指示や支援は与えます。ただし実力も自信もあってハイレベルの仕事ができる部下（D4）は、自分で自分に指示を出せるだけでなく、自分のやり方が正しいかどうかを見分けることもできます。自分でパフォーマンスを評価する方法を身につけているのです」

「ではリーダーとしてのあなたの方略とは、パフォーマンスが改善するにつれてリーダーシップスタイルを指示からコーチ、支援、委任というふうに変えていくことですね」

「そうです。なるべく頻繁に変えていきます。ただし第五の段階では進歩を称賛する、それがだめなら目標の方向を転換する、ということを忘れないでください。進歩がなければ称賛はせず、原点に戻って目標を設定し直し、進歩が見られるかどうかを見守るのです。とはいえ、最終的な目標はリーダーシップスタイルを徐々に変えていって、私からの指示や支援がなくても、相手が自力で仕事を正しくこなせるようにしていくことです。

老子はこう表現しています」

「最高のリーダーの仕事が終わったとき
部下たちは言う、
『自分たちの力でやり遂げた！』と。」

3

方向を変える

「こういうリーダーになりたいものですね」起業家が言った。「でもひとつ質問があります。だれかを成長させようと思って、そのパフォーマンスがはかばかしくないとき、あなたはどうしますか。それでも相手を称賛しますか」

「いいえ」1分間マネジャーは答えた。

「お粗末な仕事を、見て見ぬふりしますか」

「いいえ。すでに言ったように、進歩が見られないときは、目標設定の段階に戻って、方向を転換してみます。『私が悪かった。よくわからないまま仕事をさせてしまった。元に戻って、最初からやり直そう』と言います」

「自分の過ちを認める、そして相手に軌道修正させるのですね」

「そのとおりです。人を成長させるには、自分の間違いを認めないといけません」

「本気で人を育てようと思ったら、自分の過ちを認めて方向転換させるということですね。それでは、どんなに指示を出しても、パフォーマンスがいっこうに改善しない場合はどうしますか」

「ある程度つづけたら、その人と会って担当の見直しや転職について話し合います」

「わかりました」起業家はにっこりした。「特定のタスクにおいて、成長が見られない人もいるということですね」

「おっしゃるとおりです」

「相手の技能《コンピテンス》や意欲《コミットメント》の発達に合わせて、リーダーシップスタイルをいかに変えていけるかが、ＳＬⅡリーダーシップの重要な要素であることがわかりました。ところで私のチームのメンバーなのですが、以前は実力もやる気もあったのに、最近低迷している部下がいます。どのように対処したらよいでしょうか」
「委任型から支援型にいったん戻って、相手の言葉に耳を傾け、データを集めることをお勧めします。事実を確かめて、隠れた事情がないか調べてください。パフォーマンスの低下は、その仕事が予想以上にややこしかったりして、自信がなくなったせいかもしれません。その場合は支援し、激励し、どうすれば自信や意欲を取り戻せるか、本人も一緒に考えさせるのです」

1分間マネジャーはさらにつづけた。「それでも成果があがらなければ、コーチ型まで戻ってみましょう。コーチ型スタイルでは、ある程度の指示を出し、監督を強化し、期限を細かく区切ります。指示型スタイルまで戻らなければならない場合は、ほとんどないはずです」

「前の段階に戻るときは、1段階ずつでないといけませんか」

「概してそうですね。本人と話して不振の原因と思われる何らかの事情が見つかったら、いつでも委任型に戻ればよいのです。これなら相手との関係も悪くなりません。委任型から指示型に一気に戻ったりすると、『ほったらかしてバッサリ』式の

『かもめマネジャー』に逆戻りです。もし不振の原因が別のところにあったりしたら、取り返しのつかないことになります」

第 6 章

Leadership and the One Minute Manager

今やっていることを分かち合う

1 部下とともに実践する

「すぐれたＳＬⅡリーダーになる方法を教えてくださって、本当にありがとうございました」起業家は言った。「目標設定・診断・マッチングのやり方はわかりましたが、いざ実践となったとき、どのようにこれを自分の部下たちに適用していけばよいでしょうか」

「まず最初に、ここで学んだＳＬⅡリーダーシップのことを教えてあげてください」１分間マネジャーは答えた。「私たちはこう確信しています」

「SLⅡリーダーシップとは
部下に対して何かをすることではなく、
部下とともに何かをすることである。」

「それ、いいですね。つまり部下を部下としてではなく、パートナーと見なすということですね」

「部下などというものは存在しません。その人が〝**下の者**〟だったら雇う必要などないのです！　私のほうも〝上司〟などではありません。だから、SLⅡリーダーになりたいのなら、自分が何を意図しているのかを伝えないといけないのです」

「どういう意味でしょうか」

「SLⅡリーダーシップを学ぶ人たちの困ったところは、学んだ概念をだれにも説明しないまま使おうとするところです。例えば、私があるタスクにおけるあなたの発達レベルをＤ４と判定したとします。技能《コンピテンス》も意欲《コミットメント》もあると診断して、一緒に過ごすことも、会うこともほとんどなくなります。もし私がＳＬⅡリーダーであることをあなたに伝えていないとしたら、そのうちにどういうことが起こると思いますか」

「自分のどこが悪かったのかと悩みはじめるでしょう。マネジャーは自分に関心がない、無視され、評価されていないと思うようになります」

「そのとおり」と１分間マネジャーは言った。「逆に、まったく未経験の人にも同じようなことが起こりえます。仮にこの人にはたくさん指示を与える必要があると判断したとしたら、私は何を、いつ、どうやってやるか、ひっきりなしに指図するようになります。そんなことがずっとつづいたら、その人はどう思うでしょう」

「つらく当たられていると思うでしょう。あるいは信用されていないと思うかもしれません」

「そんなとき、あなたは彼にばったり会います。１分間マネジャーの姿を最近見ないねと話しかけると、彼はこう答えるでしょう。『そりゃそうだよ。私の部屋にべったり張りついているからね』。いずれの場合も、私はＳＬⅡリーダーシップのことを説明していませんから、どんなに正しい診断を下し、どんなに正しいリーダーシップスタイルを選択しても、誤解されてしまうのです。ベテランで有能なあなたは、自分が何か間違ったことをしでかしたと勘違いする。そして未経験の部下のほうは、信用されていないと思い込む」

１分間マネジャーはさらにつづけた。「逆にあなたと私がひざを交え、あなたに監督はいらないと判断を下したとしましょう。委任型のリーダーシップスタイルを採用することで意見が一致します。この場合、私が会いにこないことを、あなたはどう思うでしょう」

「会いにこない理由がわかっているから、心配しないと思います。むしろ監督が不要ということは、高く評価してくれている証拠と思うでしょう」

「そのとおりです。たとえ私の助言が必要な事態が起こったとしても、私に相談するか否かを決めるのはあなたの責任なのです」

1分間マネジャーはさらにつづけた。「では例の未経験の社員と私がひざを交えて、これからどのようなリーダーシップスタイルをとるかを十分に話し合ったとします。その場合、私がしょっちゅう会いにくることについて、彼はどう思うでしょう」

「あなたが指示を与えたり細かく監督したりしているのは、自分のスキルを伸ばすためとわかっていますから、気に病んだりしないでしょう」

起業家は少しくつろいだ姿勢になり、にっこり笑った。「あなたがSLⅡリーダーシップを部下に対してではなく、部下とともに実践されている実例を聞いて、なんだかほっとしました。初めてお会いしたときに見抜かれてしまいましたが、私はあらゆる問題を経営者の自分が解決しないといけないと思い込んでいました。今はもっともっと勉強して、SLⅡリーダーとして、部下としっかり協力し合おうと思っています」

「それに関連してですが、SLⅡリーダーシップの実践にはもうひとつポイントがあります。部下にＳＬⅡリーダーシップについて教えることに加えて、部下との対話の質と量を増やすということです」

「対話というと？」

2

目標達成のための6つの対話

「部下との対話には、実は6種類あるのです」1分間マネジャーは説明を始めた。

「最初は〝**意識合わせ《アライメント》対話**〟といい、部下の目標や発達レベル、あるいは目標やタスクごとにどんなリーダーシップスタイルを選択するか、お互いに合意しておくための対話です。パフォーマンス・プランニングに合わせて目標を設定した時点で、あるいは新しいプロジェクト、新しい目標、新しいタスクを与えられた時点で、まずこのタイプの対話を行います。

次に来るのが〝**スタイル対話**〟で、S1、S2、S3、S4の4種類があります。

この対話では、意識合わせ対話で決めたリーダーシップスタイルを実践に移していきます。対話は定期的に行ってもいいし、必要なときに随時行ってもかまいません。そして最後が〝**1対1対話**〟です。これは定期的に行い、あなたとチームの連携を高めるためのものです。チームメンバーは仕事でもプライベートでも、当面の悩みごとをなんでも話します。チームメンバーはここで、リーダーとしてのあなたにしてほしいことを要望することもできます。指示でも、コーチングでも、支援でも、あるいは単に事情を知っていてほしいという要望でもよいのです」

「6種類の対話について、もう少し説明してくださいますか」

「それより明日、海外パートナーたちとビデオ会議を開くので、参加してみませんか。6種類の対話がどんなものかというだけでなく、バーチャルチームとの対話についても知るチャンスです。ただし朝早いですよ。時差を調整するため朝7時に開始です」

「それはすばらしい。朝いちばんに参上します。本当に楽しみです」

翌朝、起業家はビデオ会議に出席すべく、朝6時半に1分間マネジャーのオフィスに到着した。1分間マネジャーが教えてくれたように、SLⅡリーダーが6種類の対話を使いこなすようすを早く知りたくて、わくわくしていた。

アシスタントに案内されてメディアセンターに着くと、1分間マネジャーとIT担当者がビデオ会議の設営をしていた。

1分間マネジャーは笑顔で起業家を出迎えた。「さあ、かけて。海外パートナーのマリア・カーロスはブエノスアイレスから、デービッド・クックはロンドンから、ヒシャン・サレハはドバイから、まもなく衛星回線でつながります。それぞれのパートナーとの間で、1対1でいろいろな種類の対話を行うから、きっと参考になるでしょう」

数分後、3人の海外パートナーが画面に現れ、笑顔で挨拶を交わした。

「マリア、おはよう、デービッド、ヒシャン、こんにちは」1分間マネジャーが口火を切った。「最近、私のところに相談にこられた若手起業家を紹介します。会社のあらゆることを自分ひとりで背負わされているのが悩みで、社員を成長させて、ひとり立ちさせる体制になっていないと感じておられます。私がSLⅡリーダーシップを使っていることに興味をもち、目標設定・診断・マッチングの3つのスキルはすべて習得済みです。次は、SLⅡリーダーが部下との対話の質と量を改善するようすを観察して、総まとめをしようというわけです」

デービッド・クックが満面の笑みを浮かべた。「それはすごい！」

1分間マネジャーはさらにつづけた。「彼女には部下との対話に6種類あることを伝えてあります。みなさんが私と一緒に目標を設定し、その目標を協力して達成していくうえで、6種類の対話をどう活用したか、話してもらうと参考になるでしょう」

「それは面白そうですね」ヒシャンが言った。

■意識合わせ対話

「それならヒシャン、わが社で意識合わせ対話がどのように行われているか、あなたから説明してもらえますか」1分間マネジャーが頼んだ。

「喜んで。意識合わせ対話の目的は、**リーダーと部下を最も重要な項目に集中させる**ことにあります。達成すべきSMART目標は何か。指示や支援なしでその目標を独力で達成するにあたって、その人の発達レベルと技能《コンピテンス》と意欲《コミットメント》はどのくらいか。どんなリーダーシップスタイルを用いれば、技能と意欲を引き上げて目標を達成できるか。意識合わせ対話によって、以上の3つの重要な問いの答えを、リーダーと部下がきちんと共有するのです」

「意識合わせ対話では、目標設定・診断・マッチングという、SLⅡリーダーシップの3つのスキルを総動員するということですね」起業家が尋ねた。

「少しずつ説明していきましょう」ヒシャンが答えた。

「初歩の初歩から教えてください。あなたと1分間マネジャーはどのようにSMART目標を設定するのですか」

「まず最初に、これから私が担当すべき仕事の範囲を確認します。組織においてすぐれた業績の実現を妨げている最大の障害は、期待や責任があいまいになっていることなのです」

「そのとおりですね」

「部下に仕事の内容を尋ね、そのあとマネジャーにその部下の仕事内容を聞くと、まったく違う答えが返ってくることが珍しくありません」ヒシャンは言った。「前もって責任範囲をお互いに確認しておかないと、当然やるべき仕事を怠ったといって罰せられることさえあるのです」

起業家はうなずいた。「責任の範囲をめぐって合意したら、次は評価基準についても合意しておくべきですね」

「そのとおりです。そこでSMART目標の登場です。1分間マネジャーと私とで、すべての目標が十分な具体性を備え、追跡可能かどうかを確認します。こうすれば、質の高い仕事とはどういうものか、何を基準に自分の進歩を測ればよいのかがはっきりします。

次に、すべての目標が関連性の高いものかどうかを検証します。その目標を達成すれば、私にとっても組織にとってもプラスになるような、意義ある仕事をしていると思える目標でないといけません。現代人は時間に追われています。貴重な時間を投入するのですから、世の中に貢献するものでなければいけません」

「みなさんは達成可能な、現実的で手に届きそうな目標を選んでいるところがいいですね」起業家が言った。

「それはとても大切な点です」ヒシャンが答えた。「ある程度背伸びすることも必要ですが、お手上げになってしまうほどの大目標はいけません。やる気を引き出すような目標、元気が出るような、自信を与え、生きがいを与えてくれるような目標を選ぶようにしています」

起業家は1分間マネジャーのほうへ向きなおった。「目標をめぐって意見が食い違ったら、例の黄金律を持ち出すのですか——『黄金をもっている者が決める』というルールを？」

「いいえ」1分間マネジャーが答えた。「目標そのものや、その一部について意見が対立したら、合意ができるまで話し合おうと提案します。さて、そろそろ意識合わせ対話における診断スキルの使い方に移りましょうか」

「わかりました」ヒシャンが答えた。「仕事の範囲においても、評価の基準においいても、目標が明確になったら、それぞれの目標について、1分間マネジャーと私が別々に私の発達レベルを診断していきます」

「『別々に』ということの意味を確認させてください」起業家が言った。「あなた自身も自分の発達レベルを評価するということですか」

「そのとおりです。そして1分間マネジャーも同じことをする。そのうえで、個々の目標における私の実力とやる気はどのくらいか、ふたりの意見を一致させるのです。例えば、私に与えられた主な目標が人材開発、業務遂行、販売戦略の3つだったとしましょう。まずはふたりで一緒に、この3つの目標の評価基準を確定していきます。そのあと、人材開発なら人材開発の基準にのっとって、個々の目標における私の発達レベルはどうか、お互いの考えを発表し合います。そして、意見交換を行います」

「具体的にいうと、どんなやり方をするのですか」

「まず、どちらが先に意見を言うかを決めます。私が先なら、1分間マネジャーは私の分析を聞き、それについて意見を言うのではなく、私の言った内容をそのままおうむ返しに繰り返します。次に1分間マネジャーが意見を言う番になったら、私も同じようにします」

「それなら相手の意見に集中できますね」

「そのとおりです。どちらか一方がおしゃべりだったりすると、会話が独占されてしまいますからね」

「私のことを言っているのかな」1分間マネジャーが笑いながら言った。

「お互いの意見を述べ合ったあと」ヒシャンがつづけた。「お互いの意見の共通点と相違点とを洗い出します」

「食い違いを解消できないときは、たとえ意識合わせ対話であっても黄金律で解決するのですか」起業家が尋ねた。

「いや、意識合わせ対話ではそういうことはありません」1分間マネジャーが答えた。「発達レベルの分析は部下が最終判断を下します。例えばヒシャンが自分はなんでもひとりでできる、D3かD4だと思い、私はまだ指示や支援が必要だ、D1かD2だと判断した場合、ヒシャンの判断のほうを採用します。ただし条件がひとつあって、その後の1か月で何を達成すべきかをふたりで決めておいて、ヒシャンのパフォーマンスをふたりでチェックしていくのです」

「そうなると、自分の判断が正しかったことを証明しようとして、1か月は必死でがんばることになります」ヒシャンが言った。

「それこそ私の望むところで、ヒシャンの判断が正しいほうがよいのです」1分間マネジャーは言った。

起業家がヒシャンに尋ねた。「ふたりで発達レベルを決めたら、今度は1分間マネジャーがどのリーダーシップスタイルを用いるかを決める番ですね」

「そうです」ヒシャンが答えた。「発達レベルが明らかになったら、どんなリーダーシップスタイルが合うかは自ずと明らかになります。ただし注意してもらいたいのは、そこで選んだリーダーシップスタイルは暫定的なものかもしれないということです。その時点では自分で指示や支援を提供できなくても、1分間マネジャーの導きでやがてできるようになっていきますから」

「では意識合わせ対話が終わった時点で、それぞれの目標に1分間マネジャーがどんなリーダーシップスタイルを使うか、ヒシャンにはわかっているわけですね」

「そのとおりです」1分間マネジャーが答えた。

■4種類のスタイル対話

「意識合わせ対話は、ほとんどパフォーマンス・プランニングに費やされるようですね。だとしたら、次に来るスタイル対話では日々のコーチングを行うのでしょうか」起業家が尋ねた。

「そのとおりです。それについては、今度はデービッドに説明してもらいましょう」

「池越えのロングショットですね、だがやってみましょう」デービッドが笑いながら言った。「スタイル対話には4種類あります。S1、S2、S3、S4です」

「スタイル対話は意識合わせ対話とどう違うのですか」起業家が尋ねた。

「スタイル対話の主眼は、**特定の目標やタスクに対して、リーダーが部下の発達レベルに見合ったリーダーシップスタイルを提供する**ことにあります。

例えば1分間マネジャーと私とで、ある目標にはS４の委任型スタイルが合っていると判断したとします。するとそのスタイル４（S４）対話の導入は私が行います。例えば『これについては私のほうで対処しますが、随時ご報告します』というふうに、S４対話では私がイニシアチブをとります。1分間マネジャーの役割は、私の創造性を引き出し、成功を助け、私自身にも人に教えたり指導したりする機会を与えることで成長を促すこと。さらに私の技能《コンピテンス》、意欲《コミットメント》、貢献を認めてもくれます。私がD４なら、1分間マネジャーは原則として私の判断を信頼し、何を、いつ、どうやってやるかを自分で決める権利を尊重してくれます」

1分間マネジャーが口をはさんだ。「デービッドの発達レベルをD４と判断できれば、私の仕事はぐっと楽になり、ストレスもなくなります。D４なら自分でさらに上をめざし、責任範囲を広げていってくれますからね」

「少しわかってきました」起業家は言った。

1分間マネジャーはさらに言った。「スタイル３（S３）対話で何らかの問題を取り上げるとき、私の役割は質問を投げかけて、デービッドがその問題に自分なりの解決法を見つけられるよう助けることです。S3対話がふさわしいと判断したら、『私から助言するより、話を聞いてもらいたいのですよね』という感じで対話を始めるでしょう。S3対話では、私の役割は耳を傾けること、ふさわしい質問をし、信頼や激励の言葉をかけ、D3レベルの人に過去の成功を思い出させ、その技能《コンピテンス》と貢献への感謝を伝えることです。S3対話の最終目標は、自分の実力に自信をもたせること、それによってその分野においてD4に進化できるようにすることです」

「デービッドにS2のコーチ型スタイルが必要だとわかった場合は、どうしますか」

「スタイル2（S2）対話は、必ず1分間マネジャーが主導します」デービッドが言った。「私がD2なら、まだ学習の途中であり、頭が混乱してどうしてよいかわからなかったり、いらいらしたりして、少し意欲《コミットメント》を失った状態にあります。自分の考えを話して、ある程度の指示をもらいたいと思っています。もうひと踏ん張りできるよう、助言や支援を求めているのです」

「だからS2対話は指示も支援も多めになります」1分間マネジャーが言った。

「S2を使うことに同意を得るには、『あなたは途方に暮れて、いらいらしているようです。だから助けるために引きつづき指示を与えます。不安に思っていることや考えていることについても、話を聞きたいと思います』といった感じになるでしょう。S2対話での私の役割は、話を聞くこと、今後の見通しや全体像を示してあげること、問題解決に参加させること、軌道修正をし、指導をやり直すこと、コーチングをし、フィードバックを与えること、励ますこと、そして支援することです」

デービッドがうなずいた。「スタイル1（S1）対話の場合は、支援はいらなくて、指示がたくさん必要であることがはっきりしています。指示さえもらえれば、支援されていると感じられるからです。動機づけや自信は十分にあるので、少しほめられることも必要ですが、D2レベルほど多くの支援はいりません」

「S1対話について、もう少し詳しく教えてもらえませんか」起業家が言った。

「S1対話は少しやりにくいのでは？」

デービッドが答えた。「そんなことはありません。スタイル1で合意する場合は、まず『初めての仕事なのだから、こちらから指示を出して、細かく指導して仕事を覚えていくのがよいのでは？』といった形で始まります。Ｓ１の意識合わせ対話が合意に達したら、１分間マネジャーが私の熱意や創意工夫、汎用スキルを称賛します。そして目標を設定し、優先順位や役割、仕事の範囲を定めてくれます。プランを立て、必要な資源を提供し、問題解決法や情報を提供し、随時フィードバックを与えていきます。このレベルはまさにそれを必要としているので、リラックスして仕事に臨めるようになるのです」

「Ｓ１対話は、指示をたくさん与えるけれど、支援はほとんどしないとおっしゃいましたね。もう少し詳しく話してください。どうもぴんときません」起業家が言った。

「Ｓ１対話で支援が皆無というのは、誤解を招きかねません。学びたいという気持ちや、目標やタスクに汎用スキルを活用することに対しては支援を行います。ただタスクに関して経験がほとんどないぶん、良い質問でアイデアを引き出してもらったり、話を聞いてもらったりするより、指示をもらうことのほうが大事なのです。Ｓ１ではふんだんにやりとりする必要もあります。１分間マネジャーがいつもそばにいて、連絡を保ち、まめにフィードバックをくれ、学ぼうとしている事柄について頻繁に指導や説明を繰り返してくれると、私は支援してもらったと感じるのです」

「ということは、リーダーシップスタイルが決まれば、ミーティングの回数、頻度、内容も決まってくるというわけですね」起業家が1分間マネジャーに尋ねた。

「そうです。例えば私がデービッドと、ある目標のために数週間、協力して働いたとしましょう。そして目標とする分野において彼が実力を伸ばし、高いパフォーマンスを示しはじめているとしましょう。さあ、私はどのリーダーシップスタイルに移行すればよいでしょうか」

「S2です」起業家が答えた。

「正解。私は支援を増やし、全体像を示し、そしてどうしてこの仕事をするのかという理由づけを提供していくでしょう。そして一定期間、S2対話を繰り返したあと、デービッドがさらに進化していったらどうしますか」

「S3対話に進み、そしてできればS4対話へと進んでいくでしょうね」

「まさにそのとおり。デービッドが成長し、進化をつづけるかぎり、私もリーダーシップスタイルを変えつづけます。年度の終わりには、デービッドの業績の変化だけでなく、リーダーシップ対話の変化によってその成長を実感することになるのです」

■1対1対話

「1対1対話についてはどうでしょう」起業家が尋ねた。

「マリア、きみが説明してくれないか」1分間マネジャーが言った。

「いつ聞いてくれるかと思っていましたよ。ミーティングでこんなにおとなしくしていたのは、本当に久しぶりです」

ヒシャン、デービッド、マリア、1分間マネジャーは、互いに目を見合わせて笑った。

「1対1対話に話を戻しますが」とマリアは話しはじめた。「いくつか誤解があるようです。『1対1』といっても、バスケットボールのような競り合いとは違います。組織のなかには1対1ミーティングを実践しているところもありますが、リーダーが対話を支配してしまっています」

マリアはさらにつづけた。「1分間マネジャーと私はバーチャルで15分から30分くらい、隔週で1対1ミーティングを開いています。日程を決めるのは1分間マネジャーですが、議題は私が決めます。1対1対話では、私が思うことをなんでも話してよいことになっています。目標とか、個人的な課題とか、プロジェクトの進捗状況など。あるいはプライベート、悩み、うれしかったこと、質問、不安などについても話します。たくさん話してもいいし、少ししか話さなくてもいい。私のためのミーティングなのです。**準備するのは話したいことのリスト、それと1分間マネジャーにどんな対応をしてほしいかということ**です。指示がほしいか、助言がほしいか、感触を知りたいか、あるいは単に情報を伝えたいだけか。実際には、連帯感構築のためのミーティングのようなものです」

「おふたりの1対1対話では、本当に顔と顔を突き合わせて協力するのですね」起業家が言った。「上下関係など感じられません。私もチームメンバーと1対1で話すことがありますが、議題は私が決めてしまいます」

デービッドが口をはさんだ。「大切なのは、1分間マネジャーとの定期的な1対1ミーティングでは、私たち自身が議題を決めている、つまり私たちが今考えていることを議題にしているということです」

マリアもうなずいた。「例を挙げると、私はある噂を耳にして、情報を得たいと思っているかもしれません。あるいは個々の目標に対して、自分がどれだけ達成できているか、1分間マネジャーと話し合いたいかもしれません。指示や支援が足りないとか、多すぎるとか思っているかもしれません。私はD2で、助言だけでなく多少の激励もほしいかもしれない。あるいはD3で、自分の解決法にもっと自信をもてるよう、慰めたり励ましたりしてほしいかもしれない。リーダーシップスタイルを変えてほしいと思っているかもしれないのです。1分間マネジャーはとても柔軟で、スタイルを自在に変えられる人です。要望すれば、1回のミーティングで、3つのトピックに対して別々のスタイルを使い分けることもできるのです」

「1対1対話のやり方がつかめてきた気がします」起業家が言った。

「それはよかった」マリアは微笑んだ。「1対1対話では方向性を微調整することもあります。みんな忙しいので、成長を助けるために決めたはずのスタイルを、最後まで守りとおせないこともあるからです」

「定期的な1対1ミーティングが来る前に、何か起きたらどうしますか」起業家が尋ねた。

マリアが答えた。「私が1分間マネジャーと調整したいと思ったら、あるいは1分間マネジャーが私との調整が必要と思ったら、隔週の定期的なミーティングのほかに臨時の対話をもつこともあります。私の目標に関してはふたりが同じパフォーマンス記録を共有していますから、同時に緊急性を察知することもあるし、ミーティングが必要になることもあります。もちろんS1やS2を使うと決めていた場合は、もともとミーティングは頻繁で、たえず指示を出してもらっています」

「教えていただいたようなプロセスをたどるなら、年度末の業績評価で想定外の事態が起こることはありませんね」起業家が言った。「私自身、年度末になって想定外の評価を通告されることが何回かありました。みなさんのように頻繁に対話を重ねていれば、みんなが常に情報を共有できますね」

「協力して仕事をするには、実にすぐれた方法です」とマリア。「SLⅡリーダーシップの良いところは、1分間マネジャーのために働いているというより、1分間マネジャーがそばにいて、**私の成功を助けてくれる**と感じられるところです」

ミーティングが終わりに近づき、起業家は1分間マネジャー、ヒシャン、デービッド、マリアに見学のお礼を言った。3人の海外パートナーたちは起業家に別れの挨拶をし、画面から姿を消した。

第 7 章

Leadership and the One Minute Manager

学んだことを実行する

1
部下を肯定的に見る

「SLⅡリーダーシップがすぐれたリーダーの必須条件だということが、よく理解できました」起業家は言った。「ほかにも知っておくべきことはありませんか」

「あなたの知識はもう十分ですよ」1分間マネジャーは微笑んだ。「あとは自分の考えを信じて、最後までやり抜く勇気さえあれば大丈夫です」

「言うはやすく、行うは難しですね」

「1週間かけて、ここで学んだことを十分に消化してもらって、そのあともういちどお会いしましょう。その後、あなたがSLⅡリーダーへの道を歩みはじめたら、定期的な面談をもちましょう」

「来週は、おそらくＳ１対話をしていただく必要がありそうです。そのあと、だんだんとＳ１からＳ２へ移行して、いずれは定期的なＳ３、Ｓ４の対話に移行できるとうれしいです」

「もちろんです。いきなり委任型リーダーシップスタイルに飛んで、あなたがＳＬⅡリーダーとして失敗して燃え尽きるところを見たくはありませんからね」

１分間マネジャーとともに彼のオフィスへ戻りながら、起業家は言った。「ＳＬⅡリーダーシップがいかに合理的なやり方かがわかって、驚いています。実をいうと、長年受けてきたマネジメント研修で教わったこととは、まったく違っていましたから」

「どこが違っていましたか」

「リーダーの部下に対する姿勢や感情と、実際に部下に対してとる行動とを、あなたははっきり分けていました。これまで教わったところでは、リーダーが指示型リーダーシップスタイルをとるのは、部下が怠け者だったり、信頼できなかったり、無責任だったりして、厳しく監督する必要があると判断した場合、逆に支援型のリーダーシップを選択するのは、部下に責任感や意欲がある場合とされていました。でもあなたから教わったのは、人間を肯定的に見るのが大前提だということ、だれもがハイパフォーマーになる潜在力をもっているということです。だから、部下がどれだけ指示や支援を必要としているかによって、むしろリーダーのほうが行動を変えるべきなのです」

「キーワードは潜在力です」1分間マネジャーが言った。

「そこが何より肝心ですね」起業家も言った。「指示型リーダーシップスタイルを使うのは、部下に能力がないからではない。自分で自分に指示を与え、自分で自分を動機づけられるハイパフォーマーになる潜在力はあるけれど、経験が足りないだけなのです。潜在力をフルに開花させていくために、最初はリーダーである私の指示を必要としているのです」

「重要なことを学びましたね。人間を肯定的に見るからといって、何も支援や委任だけしていればよいのではなく、4種類のリーダーシップスタイルすべてに、その信念が反映されているのです」
「これまで学んだことを、こんなふうに要約してみました」起業家は言った。

「だれもが
ハイパフォーマーになる
潜在力をもっている。
人によって
ほんの少し誘導が
必要というだけである。」

2

SLⅡリーダーになる

「核心をつかみましたね」1分間マネジャーが言った。

「あとは自分次第。何もかもひとりで背負い込まず、部下を成長させるためにはどうすればよいか、ついにつかむことができました」

そう言って起業家は1分間マネジャーの手を握った。「ご指導に感謝します」

「感謝というなら、どうかこれまで学んだことを実行に移し、ご自分の役に立ててください。古い仏教の格言をご紹介しましょう」

「学んだ知識を使わないとしたら〝知っている〟とはいえない！」

そして実際、彼女は学んだことを実行した。自分の会社に戻り、全員に学んだことを伝え、その人たちが、さらにその部下たちに伝えた。1分間マネジャーとのフォローアップ対話を終えたとき、起こるべきことが起こった。

起業家はSLⅡリーダーになったのだ。

彼女がSLⅡリーダーになれたのは、その考え方ゆえでも、発言ゆえでもなく、その行動ゆえだった。

彼女はまず、**意識合わせ対話**を行ってチームメンバーの目標を明確にした。そして指示や支援がない時点での技能《コンピテンス》と意欲《コミットメント》はどのくらいか、メンバー自身とともに診断した。そして個々の目標にふさわしいリーダーシップスタイルを、メンバーと協力して決めていった。

次にフォローアップとして、選択したリーダーシップスタイルに対応する**スタイル対話**を行い、部下が十分に進歩したと見れば、新たなリーダーシップスタイルへと切り替えていった。

さらに定期的に**1対1対話**を行い、チームメンバーたちが希望すれば臨時の面談も行った。

何年もたったのち、起業家はSLⅡリーダーになるべく勉強を始めたときのことを振り返った。家庭でも仕事でも、そのときを境に彼女の人生は大きく変わっていった。

会社は大きく成長し、今や8つの会社を傘下に収めている。起業家は持ち株会社のCEOとなり、8社それぞれに社長がいる。社長たちは公式には彼女の部下だが、それぞれ自立して経営に携わっている。時とともに彼らは担当分野のほとんどでスキルを進化させたので、新たな事業に進出した場合を除けば、委任型スタイルで十分に事足りる。

思い返せば、彼女の道案内によって、彼らは主体的で自立した、ハイパフォーマンスの経営者に成長していったのだ。

起業家は3人の子どもの母親として、家庭でも同じように成功を収めた。子どもたちは今や独立し、親子というより友人同士として楽しくやっている。子どもたちが必要とするときはいつでも支えになるが、自分の人生に母親の助けが必要かどうかを主体的に判断するのは子どもたち自身である。それでも、今でも母親と過ごす時間を大切にしてくれるのはうれしいことだった。

起業家は「目標設定」「診断」「マッチング」という、SLⅡリーダーの3つのスキルを学んだことに満足と誇りを覚えていた。彼女が育てた会社は、人々の貢献が評価される組織である。彼女が臨機応変にリーダーシップスタイルを適合させていったからこそ、部下はリスクを恐れず、責任を引き受けた。

そしてやがて……

どちらが創業者でどちらが部下か、わからなくなった。

訳者あとがき——『新1分間リーダーシップ』のどこが新しいか

〝1分間〟シリーズのトップバッターとして『1分間マネジャー』が刊行されたのは今から30年以上前、原書が1981年、日本語版が1983年のことである。人材活用に悩む世界のマネジャーに愛読された同書は、1分間目標・1分間称賛・1分間叱責（今回発売される新版では1分間修正）というシンプルな原理で爆発的な人気を博した。続いて刊行された本書の旧版『1分間リーダーシップ』（原題*Leadership and the One Minute Manager*, 1985）では、1960年代に開発した「状況対応型リーダーシップ」をより精緻化して、指示・コーチ・援助・委任を使い分ける「SLⅡ®」へと発展させ、これもアメリカと日本でベストセラーとなった。

30年余りをへた今、これら旧版の内容をアップグレードした2冊の新版が日米でほぼ同時期に刊行されることになった。シリーズの主人公「1分間マネジャー」は「〝新〟1分間マネジャー」へと進化したが、その輝きは健在である。ここでは旧版のほうがなじみ深いという読者のために、『新1分間リーダーシップ』のどこがどう変わったのかを、まとめておこう。

●SLⅡでは、80年代にはあたりまえだった「上から下への指導」から、部下だけでなく上司や同僚に「影響を与えること」にポイントが移っている。

●SMARTと呼ばれる目標設定法では、Mが測定可能MeasurableのMから動機付けMotivatingのMへと変更になった。チームメンバーが楽しんでめざせる目標であることが強調されている（測定の要素はTの追跡可能性Trackableに引き継がれた）。さらに目標がSMARTになっているかどうかを確認するための詳細なチェックリスト（39ページ）も追加されている。

●部下の発達レベルに合わせた「スタイル導入」のための声かけ（84ページ）や、部下と一緒に目標を設定し、達成していくための「6種類の対話」（118ページ）が新たに紹介されるなど、旧版より具体的なツールが増えた。

●SLⅡリーダーの3つのスキル（柔軟性・診断力・取決め）のうち2つが変更になり「目標設定・診断・マッチング」に変わった。いろいろなリーダーシップスタイルを使い分ける柔軟性より、部下の発達レベルに合わせる「マッチング」が重視されている。

●『新1分間マネジャー』の3つの秘訣のうち、「1分間叱責」が「1分間修正」に変更されたことにも対応している。

「部下」は「下の者」でなく、ともに成功をめざすパートナーであることが浸透した現在の状況に合わせ、『新1分間マネジャー』も『新1分間リーダーシップ』も従来以上に協調的な人材マネジメントとリーダーシップを提案している。もともと「人間を肯定的に見るのが大前提」であり、「誰もがハイパフォーマーになる潜在力をもっている」というのがブランチャードの基本哲学である。それに加え、この30年、ケン・ブランチャード・カンパニーのもとを訪れた研修受講者からのフィードバックや、同社の継続的な研究成果をもとに、新版ではこの姿勢をさらに現場に即したものとし、より洗練されたメソッドへと発展させたと言える。

訳語に関しても、新版では時代の変化に合わせて工夫した。たとえば旧版では「業務遂行」と訳されていたperformanceを、カタカナでも通用するようになったと判断して「パフォーマンス」と訳し、本来の意味が伝わるようにした。また日本において、本書の内容に基づく研修を行っているブランチャード・ジャパンの教材との統一をはかるため、旧版で「適性・処理能力」と訳されていたcompe-tenceを「技能」、「やる気」と訳されていたcommitmentを「意欲」とする訳語を採用した。ただしdevelopment levelに関しては、人間の成長段階を指すものであることから、「発達レベル」という訳語を採用させていただいた。

過去に訳された作品に新訳をつけることを再翻訳といい、さまざまな配慮が必要である。担当してくださったダイヤモンド社書籍編集局佐藤和子編集委員とともに、時代の要請に合った最善の訳を工夫した。読者に楽しんでいただければ幸いである。

2015年5月

田辺希久子

本書に基づく研修のご案内とお問合せ先

ケン・ブランチャード社はリーダーと組織がより高いパフォーマンスをあげるための支援を、使命としています。本書に著された概念や思想は、ブランチャード社とその国際的ネットワークであるブランチャード・インターナショナルで活躍するコンサルタント、研修講師、コーチたちによる知見を活用したものです。彼らは、世界80ヶ国以上において、20の言語で、企業や団体が職場の生産性や従業員満足、顧客ロイヤリティを向上させるのを助けています。

本書で取り上げたSLII®をはじめとする概念や方法論を自分の組織に取り入れたい方、またブランチャード・インターナショナルが提供する様々なプログラムや教材について関心のある方は、下記にご連絡ください。

●日本におけるサービス提供者
ブランチャード・ジャパン（Blanchard JAPAN）
株式会社ピープルフォーカス・コンサルティング
ブランチャード事業部
〒151-0051　東京都渋谷区千駄ヶ谷3-12-8　ル・グラン原宿
URL: http://www.blanchardjapan.jp
E-mail: info@blanchardjapan.jp
Tel: 03-5771-7073

●アジアパシフィック地域におけるサービス提供者
The Ken Blanchard Companies – Asia Pacific Regional Office
E-mail: singapore@kenblanchard.com
Telephone: +65-6775-1030

●本社
The Ken Blanchard Companies – Global Headquarters
E-mail: international@kenblanchard.com
Telephone: +1-760-489-5005
Address: 125 State Place,
Escondido, California 92029 USA
Web Site: www.kenblanchard.com

［著者］

ケン・ブランチャード (Ken Blanchard)

世界で最も影響力のあるリーダーシップの権威の一人。60冊の共著書があり、世界の40を超える言語に翻訳され、合わせて2100万部超の売上げがある。『１分間マネジャー』『１分間顧客サービス』『ザ・ビジョン』（いずれもダイヤモンド社）などが邦訳されている。1979年に妻のマージーとケン・ブランチャード社を創業、国際的な経営コンサルティング・研修を展開。現在は同社のCSO（Chief Spiritual Officer, 最高精神責任者）を務める。

パトリシア・ジガーミ (Patricia Zigarmi)

ケン・ブランチャード社のビジネス開発担当副社長。組織行動学博士。多くのグローバル企業でSLⅡ®の研修導入に指導力を発揮するとともに、数多くのエグゼクティブ、マネジャーのコーチとして信頼を得ている。

ドリア・ジガーミ (Drea Zigarmi)

前ジガーミ・アソシエーツ社社長、ケン・ブランチャード社の調査開発部門のディレクター。経営管理学博士、組織行動学博士。20年以上にわたり、SLⅡ®のセミナーで使われる「リーダーの行動分析」などのツール開発に携わる。

［訳者］
田辺希久子（たなべ・きくこ）
東京教育大学卒業。青山学院大学大学院国際政治経済学研究科修士課程修了。翻訳家。著書に『英日日英　プロが教える基礎からの翻訳スキル』（三修社）、主な訳書に、『ザ・ビジョン』『ケン・ブランチャード　リーダーシップ論［完全版］』『戦争報道　メディアの大罪』『新1分間マネジャー』『信頼の原則』（以上ダイヤモンド社）、『通訳翻訳訓練』（みすず書房）、『真のダイバーシティをめざして』（上智大学出版）など。

新1分間リーダーシップ
——どんな部下にも通用する4つの方法

2015年5月28日　第1刷発行
2022年9月20日　第7刷発行

著　者——ケン・ブランチャード／パトリシア・ジガーミ／ドリア・ジガーミ
訳　者——田辺希久子
発行所——ダイヤモンド社
〒150-8409　東京都渋谷区神宮前6-12-17
https://www.diamond.co.jp/
電話／03・5778・7233（編集）　03・5778・7240（販売）
装丁————長坂勇司（ナガサカデザイン）
製作進行——ダイヤモンド・グラフィック社
印刷————勇進印刷（本文）・新藤慶昌堂（カバー）
製本————ブックアート
編集担当——佐藤和子

ISBN 978-4-478-02928-2